Handwerkliche Ehrengerichtsbarkeit

von

Dr. jur. Walter Kraegeloh

Städt. Verwaltungsrat in Gera

Verlag von Georg Stilke * Berlin * 1936

Gedruckt bei A. Heine G. m. b. H., Gräfenhainichen.

Inhaltsangabe:

Abkürzungen:

Abs.	=	Absatz
d. h.	=	das heißt
dgl.	=	dergleichen
GewO.	=	Gewerbeordnung
GVG.	=	Gerichtsverfassungsgesetz
1. HandwAufbVO.	=	Erste Verordnung über den vorläufigen Aufbau des deutschen Handwerks vom 15. Juni 1934 (RGBl. I Seite 493)
JW.	=	Juristische Wochenschrift
od.	=	oder
RGBl. I	=	Reichsgesetzblatt, Teil I
RStGB.	=	Reichsstrafgesetzbuch
sog.	=	sogenannt
S.	=	Satz oder Seite
StPO.	=	Strafprozeßordnung
u.	=	und
u. ä. m.	=	und ähnliches mehr
v.	=	vom
vgl.	=	vergleiche
ZPO.	=	Zivilprozeßordnung

I. Abschnitt

Gegenstand und Umfang der handwerklichen Ehrengerichtsbarkeit

§ 1. Handwerkliche Ehre und handwerkliche Ehrengerichtsbarkeit

Die auf Grund des „Gesetzes über den vorläufigen Aufbau des deutschen Handwerks“ [1]) zur Durchführung dieses Aufbaues am 15. Juni 1934 erlassene und am 20. Juni 1934 in Kraft getretene [2]) „Erste Verordnung über den vorläufigen Aufbau des deutschen Handwerks“ (1. HandwAufbVO.) rückt in den Mittelpunkt des deutschen handwerklichen Lebens wieder den Gedanken der handwerklichen Ehre und macht diese zur Grundlage des neuen Handwerkerrechts. Die so als tragendes Fundament der handwerkerrechtlichen Neuordnung anzusehende handwerkliche Ehre legt allen Handwerkern und Mitgliedern von Handwerkerinnungen die Verpflichtung auf, ihr gesamtes Handeln dieser Ehre entsprechend einzurichten und ihre Gewerbe und Betriebe im Geiste dieser Ehre zu führen.

Um Verletzungen der handwerklichen Ehre gebührend entgegentreten zu können, hat die 1. HandwAufbVO. besondere Ehrengerichte eingeführt, die auf dem Gebiete des handwerklichen Lebens gegenüber allen Mitgliedern von Handwerkerinnungen eine Disziplinargewalt ausüben und alle Ehrwidrigkeiten auf das strengste zu ahnden haben. Während bis zur Einführung der handwerklichen Ehrengerichte ein Handwerker seinen Eigennutz auf Kosten der Allgemeinheit oft ungestraft befriedigen durfte und ihm hierbei jede vom sittlichen Standpunkt aus noch so verwerfliche Handlung, sofern sie nicht gerade gegen ein Strafgesetz verstieß, grundsätzlich gestattet war, sind nunmehr dank der handwerklichen Ehrengerichtsbarkeit auch die nicht mit öffentlicher Strafe bedrohten Handlungen, durch die gegen die handwerkliche Ehre verstoßen wird, als handwerkliche Ehrverletzungen unter Ehrenstrafen

[1]) vom 29. November 1933 (RGBl. I S. 1015).

[2]) Nach § 2 des „Gesetzes über die Verkündung von Rechtsverordnungen“ vom 13. Oktober 1923 (RGBl. I S. 959) ist die genannte Verordnung mit dem auf die Verkündung im Reichsgesetzblatt (19. Juni 1934) folgenden Tag in Kraft getreten.

gestellt. Dadurch fällt den zur Entscheidung über die Ehrverletzungen berufenen handwerklichen Ehrengerichten eine unerhörte Erziehungsaufgabe zu: Sie sollen durch ihren Urteilsspruch den deutschen Handwerker zu einer Gesinnung erziehen, die nicht mehr die Normen des Strafgesetzbuchs als allein verbindlich ansieht, sondern die Grundsätze der inneren Anständigkeit und Sauberkeit zur Richtschnur ihres Handelns nimmt und sollen so als moralische Ankläger immer wieder den Geist der handwerklichen Ehre erzeugen. Die handwerkliche Ehrengerichtsbarkeit ist somit nichts anderes als die äußere Form, in der die handwerkliche Ehre als Grundwert des neuen Handwerksrechts gesichert wird und in der der große geistige Umschwung der wirtschaftlichen Moral seinen sichtbarsten Ausdruck findet.

Handwerkliche Ehre und handwerkliche Ehrengerichtsbarkeit sind die beiden Grundbegriffe, die das künftige deutsche handwerkliche Leben richtungweisend beherrschen werden. Die erstere muß dem deutschen Handwerker als Selbstverständlichkeit tiefinnerst im Herzen wohnen. Wo es hieran jetzt und künftig noch fehlt, ist die handwerkliche Ehrengerichtsbarkeit dazu berufen, durch ihre Spruchtätigkeit den Handwerker zu der in der 1. HandwAufbVO. verankerten neuen Auffassung von Anstand und Ehre im Handwerksleben zu erziehen und in ihm diesen Ehrbegriff wach zu halten.

§ 2. **Die Ahndung handwerklicher Ehrwidrigkeiten als Gegenstand der handwerklichen Ehrengerichtsbarkeit**

Das handwerkliche Ehrengerichtsverfahren ist ebenso wie das soziale Ehrengerichtsverfahren des deutschen Arbeitsrechts in materieller Hinsicht ein Disziplinarverfahren, das sein Gegenstück in dem beamtenrechtlichen Disziplinarverfahren findet. In der gleichen Weise wie in diesem Verfahren das dienstliche und außerdienstliche Verhalten des Beamten, soweit es mit den Pflichten eines Beamten nicht vereinbar oder dem Ansehen des Beamtenstandes nicht zuträglich ist, durch Urteil des Disiplinargerichts gebrandmarkt wird, so wird im ehrengerichtlichen Verfahren der Angehörige der Handwerkerinnung, der durch sein Verhalten die handwerkliche Ehre verletzt hat, durch den Spruch des Ehrengerichts geächtet und mit der entsprechenden Strafe belegt.

Gegenstand der handwerklichen Ehrengerichtsbarkeit ist somit die Ahndung von Verletzungen der dem Handwerkerrecht als Fundamentalsatz zugrunde liegenden handwerklichen Ehre eines jeden Handwerkers. Die in dem ehrengerichtlichen Verfahren zu verfolgenden Handlungen müssen Verletzungen der handwerklichen Ehre darstellen; andere Handlungen sind der ehrengerichtlichen Verfolgung entzogen.

§ 3. Der Begriff der handwerklichen Ehrverletzung

Unter einer handwerklichen Ehrverletzung ist jede Handlung eines Handwerkers oder eines sonstigen Mitglieds einer Handwerkerinnung zu verstehen, die mit den im Mittelpunkt der Neuordnung des deutschen Handwerkswesens stehenden Grundsätzen der handwerklichen Ehre nicht in Einklang gebracht werden kann. Diese Ehre ist indessen eine Sache des Gefühls und der inneren Gesinnung und läßt sich als solche weder rein verstandesgemäß erfassen, noch in äußerliche Regeln gießen. In dieser Erkenntnis hat auch der Gesetzgeber selbst darauf verzichtet, den Begriff der handwerklichen Ehre zu bestimmen und hat sich darauf beschränkt, die nach außen in Erscheinung tretenden Merkmale eines den Grundsätzen der handwerklichen Ehre entsprechenden Verhaltens festzulegen. Hierbei verbindet er in den grundlegenden Vorschriften der §§ 59 und 60 der 1. HandwAufbVO. folgerichtig den Begriff der handwerklichen Ehre mit der Erfüllung der durch die Zugehörigkeit zu einer Handwerkerinnung begründeten Standes- und Ehrenpflichten und sieht in der Erfüllung dieser Pflichten das Kennzeichen eines den Grundsätzen der handwerklichen Ehre gerecht werdenden Verhaltens.

Die genannten Bestimmungen bezeichnen als solche handwerkliche Standes- und Ehrenpflichten der Mitglieder der Handwerker-Innungen nur zwei Pflichten, nämlich die Wahrung der Standesehre und die Wahrung des Gemeingeistes. Die erstere verpflichtet den Angehörigen der Handwerkerinnung dazu, sich stets der Achtung würdig zu erweisen, die er mit Rücksicht auf seine Stellung als deutscher Handwerker verdient und sein gesamtes Verhalten sowohl in seinem Betriebe und Gewerbe als auch außerhalb derselben so einzurichten, daß die Belange und das Ansehen seines Standes nicht beeinträchtigt werden. Die Pflicht zur Wahrung des Gemeingeistes legt dagegen dem Mitglied der Handwerkerinnung ausdrücklich die Verpflichtung auf, in allen Dingen sein eigenes Wohl hinter das der Gemeinschaft zurückzustellen und hebt damit für den Handwerkerstand eine Pflicht nochmals hervor, die im Dritten Reich allen Volksgenossen schon ohne weiteres obliegt.

Nur das Verhalten eines Mitglieds einer Handwerkerinnung, das den in den vorstehenden Pflichten zum Ausdruck kommenden Anforderungen entspricht, wird den durch die Zugehörigkeit zu einer Handwerkerinnung begründeten handwerklichen Standes- und Ehrenpflichten gerecht und wird als handwerklich-ehrenhaftes Verhalten von den Volksgenossen anerkannt. Dagegen bildet jeder Verstoß gegen die vorbezeichneten handwerklichen Standes- und Ehrenpflichten eine handwerkliche Ehrverletzung und wird als ehrwidriges Verhalten von der Volksgemeinschaft mißbilligt.

§ 4. Die Strafbarkeit der handwerklichen Ehrverletzungen

Die 1. HandwAufbVO. stellt im § 59 grundsätzlich jede Verletzung der vorstehend bezeichneten handwerklichen Standes- und Ehrenpflichten unter Ehrenstrafe. Dementsprechend sind alle derartige Verletzungen als Verstöße gegen die handwerkliche Ehre von den handwerklichen Ehrengerichten zu sühnen und mit den in den §§ 61 und 62 der 1. HandwAufbVO. genannten Ehrenstrafen zu belegen.

Über den im § 59 der 1. HandwAufbVO. niedergelegten Grundsatz der Strafbarkeit aller handwerklichen Ehrverletzungen hinaus führt § 60 der genannten Verordnung bestimmte Verstöße gegen die handwerkliche Ehre ausdrücklich an. Diese sind aber, wie aus den Worten der Vorschrift: „.... Verletzungen .... sind insbesondere ....“ hervorgeht, lediglich Beispiele für Ehrverletzungen, die das Gesetz als besonders schwerwiegend ansieht und auf die es deshalb ausdrücklich hinweisen möchte. Zu diesen Verstößen gehören:

1. Unlauteres Verhalten des Handwerkers. Unlauter in diesem Sinne ist jedes Verhalten, das gegen die für den Handwerker maßgebenden Grundsätze von Sitte und Anstand im Geschäftsleben verstößt.

2. Unlauterer Wettbewerb. Dieser ist lediglich eine Unterart des unlauteren Verhaltens, das sich in einer bestimmten Richtung, nämlich auf den Wettbewerb gegenüber den Fachgenossen erstreckt. Unlauter ist der Wettbewerb, den der Handwerker in einer gegen Sitte und geschäftlichen Anstand verstoßenden Weise seinen Fachgenossen macht. Damit ist der gesunde Wettbewerb grundsätzlich erlaubt, ja sogar erwünscht.

In der Praxis dürfte vielfach die Frage Schwierigkeiten bereiten, inwieweit bei Preisunterbietungen ein unlauterer Wettbewerb in Frage kommt. Hier ist zunächst klarzustellen, daß nach der 1. HandwAufbVO. im Gegensatz zum früheren Recht [1]) die Innung keine für ihre Mitglieder verbindlichen Preise vorschreiben kann, da dies nicht zu den im § 43 der 1. HandwAufbVO. erschöpfend [2]) angeführten Aufgaben der Innung gehört. Es kann sich infolgedessen bei einer Preisunterbietung niemals um von der Innung festgesetzte Preise, sondern nur um solche Preise handeln, die sich bei den Innungsmitgliedern als ortsüblich eingebürgert haben. Die Tatsache, daß ein Handwerker diese ortsüblichen Preise unterbietet, bedeutet an sich noch keinen unlauteren Wettbewerb. Es kommt vielmehr darauf an, in welchem Verhältnis die Preisunter-

---

[1]) Vor dem Inkrafttreten der 1. HandwAufbVO. konnten die freiwilligen Innungen für ihre Mitglieder bestimmte Preise vorschreiben, insbesondere Mindestpreise festsetzen; dagegen war den Zwangsinnungen durch § 100 q GewO. ausdrücklich untersagt, ihre Mitglieder in der Festsetzung der Preise ihrer Waren oder Leistungen zu beschränken.

[2]) Vgl. hierüber § 48 der 1. HandwAufbVO.

bietung zur Rentabilität steht. Daher hält sich ein Wettbewerb folgerichtig noch in den Grenzen des Erlaubten, wenn der Handwerker infolge einer besonders guten und Unkosten sparenden, technischen Einrichtung od. dgl. die üblichen Preise der Fachgenossen unterbieten kann, ohne hierbei mit Verlust zu arbeiten. Dagegen ist der Wettbewerb bei Preisunterbietungen unlauter, sobald der Handwerker den Preis nur auf Kosten des Gewinnes unterbieten kann, mit anderen Worten: Unlauter ist das Niederringen der Konkurrenz um jeden Preis, das Schleudern von Waren und Arbeitskraft in der Absicht, dadurch die Konkurrenz niederzukämpfen und auszuschalten.

3. Übervorteilung der Kunden. Auch dieser Tatbestand fällt unter den Oberbegriff des unlauteren Verhaltens. Die durch ihn bewirkte Ehrverletzung wird indessen im Gegensatz zu dem unlauteren Wettbewerb nicht gegenüber den Fachgenossen, sondern gegenüber den Kunden des Handwerkers begangen. Hierher gehören beispielsweise: bei handwerklichen Leistungen die Verwendung eines Materials, das dem geforderten Preis in keiner Weise entspricht, sowie bei Lieferung von handwerklichen Waren die Lieferung einer geringeren als der vereinbarten Qualität u. ä. m.

§ 5. Der sachliche Umfang der handwerklichen Ehrengerichtsbarkeit

Nach der Vorschrift des § 59 der 1. HandwAufbVO. unterliegen der handwerklichen Ehrengerichtsbarkeit nur Mitglieder von Handwerkerinnungen, nicht aber außerhalb der Innung stehende Personen. Mitglieder der Innung und daher der handwerklichen Ehrengerichtsbarkeit unterworfen sind in erster Linie die sog. Pflichtmitglieder; das sind alle in die Handwerksrolle eingetragenen Gewerbetreibenden, die das Handwerk ausüben, für welches die Innung errichtet ist; diese sind nach § 8 Abs. 1 der 1. HandwAufbVO. kraft Gesetzes Mitglieder der Innung. Sodann gehören zu den Mitgliedern der Innung auch die im § 11 der 1. HandwAufbVO. näher bezeichneten freiwilligen Mitglieder. Da grundsätzlich alle Mitglieder der Innung der handwerklichen Ehrengerichtsbarkeit unterliegen, so ist es für die ehrengerichtliche Verantwortlichkeit ohne Bedeutung, ob der Täter kraft Gesetzes Pflichtmitglied oder ob er freiwilliges Mitglied der Innung ist.

Nach dem Gesagten können handwerkliche Ehrverletzungen in dem bezeichneten Sinne nur geahndet werden, wenn der Täter Mitglied einer Innung ist und damit der handwerklichen Ehrengerichtsbarkeit untersteht. Daraus folgt, daß Personen, die zwar ein Handwerk ausüben, aber in die Handwerkerrolle nicht eingetragen und daher keine Innungsmitglieder sind, vor allem die für das Handwerk so außerordentlich schädlichen Schwarzarbeiter, im handwerklichen Ehrengerichtsverfahren nicht verfolgt werden können.

Ausnahmsweise kann indessen das handwerkliche Ehrengerichtsverfahren auch bei Personen Platz greifen, die keine Mitglieder der Handwerkerinnung sind und daher der handwerklichen Ehrengerichtsbarkeit als solcher nicht unterstehen. Nach § 96 Abs. 3 der 1. HandwAufbVO. erfolgt nämlich die im § 126 a GewO. vorgesehene Entziehung der Befugnis zur Anleitung von Lehrlingen nicht nur gegenüber den in die Handwerksrolle eingetragenen selbständigen Handwerksmeistern, sondern auch gegenüber den als Beschäftigten in ihren Diensten stehenden und von ihnen mit der Anleitung von Lehrlingen beauftragten Meistern, die keine Mitglieder der Innung sind, im handwerklichen Ehrengerichtsverfahren. Hier ist aber die Entziehung der Befugnis, Lehrlinge anzuleiten, ebenso wie die gegenüber den Mitgliedern der Handwerkerinnungen nach denselben Grundsätzen ebenfalls im handwerklichen Ehrengerichtsverfahren erfolgende Entziehung der Befugnis, Lehrlinge zu halten oder anzuleiten, kein Ausfluß der handwerklichen Ehrengerichtsbarkeit als solcher und auch keine handwerkliche Ehrenstrafe, sondern eine Verwaltungsmaßnahme, die statt in dem Verwaltungsverfahren des § 126 a GewO. im handwerklichen Ehrengerichtsverfahren angeordnet wird. Vgl. hierzu auch die §§ 10 und 18 der Abhandlung.

Die handwerkliche Ehrengerichtsbarkeit findet ihre Schranken, sobald das dem ihr unterworfenen Innungsmitglied zur Last gelegte ehrwidrige Verhalten zugleich den Tatbestand einer sozialen Ehrverletzung im Sinne des § 36 des „Gesetzes zur Ordnung der nationalen Arbeit“ erfüllt. Ist das nämlich der Fall, so ist das handwerkliche Ehrengerichtsverfahren unzulässig. Jenes hat sonach stets den sachlichen Vorrang vor dem handwerklichen Ehrengerichtsverfahren. Vgl. hierüber im einzelnen den § 9 der Abhandlung.

§ 6. Die zeitlichen Grenzen der handwerklichen Ehrengerichtsbarkeit

Die ehrengerichtliche Verfolgung handwerklicher Ehrwidrigkeiten ist in zeitlicher Hinsicht mehrfach beschränkt. So ist zunächst die Verfolgung nur dann zulässig, wenn der Täter im Zeitpunkt der Begehung der Tat Mitglied der Innung war. Es kommt also darauf an, ob der Täter bei Begehung der Ehrverletzung schon oder noch Mitglied war. Das aber richtet sich allein nach den Vorschriften des § 9 Abs. 1 und 2 der 1. HandwAufbVO. Nach diesen beginnt die Mitgliedschaft mit dem Tage der Eintragung in die Handwerksrolle; wird der Betrieb des Handwerkszweiges, für den die Innung errichtet ist, erst nach der Eintragung des Handwerkers in die Handwerksrolle aufgenommen, so beginnt die Mitgliedschaft mit diesem Zeitpunkt. Sie endet dagegen mit dem Zeitpunkt, in dem der Handwerker in der Handwerksrolle gelöscht wird, falls mehrere Handwerkszweige gleichzeitig betrieben werden, mit dem Zeitpunkt der Löschung des Handwerkszweiges, für den die Innung errichtet ist. Bei freiwilligen Innungsmitgliedern im Sinne des § 11 der 1. HandwAufbVO. werden Beginn und Ende der Mitgliedschaft durch den Zeitpunkt bestimmt, in welchem das Mitglied aufgenommen bzw. sein Austritt aus der Innung wirksam wird.

Weiterhin kann eine handwerkliche Ehrwidrigkeit in sinngemäßer Anwendung der in den §§ 2 und 2a RStGB.[1]) zum Ausdruck kommenden Rechtsgedanken nur dann verfolgt werden, wenn sie nach dem Inkrafttreten der 1. HandwAufbVO., d. h. nach dem 20. Juni 1934 begangen worden ist[2]).

Schließlich ergeben sich für die Verfolgung handwerklicher Ehrwidrigkeiten gewisse Schranken aus den Verjährungsvorschriften des § 63 der 1. HandwAufbVO. Nach diesen verjährt nämlich die ehrengerichtliche Verfolgung von Verletzungen der handwerklichen Ehre in einem Jahre und zwar beginnt die Verjährung mit dem Tage, an welchem die Ehrverletzung begangen ist, ohne Rücksicht auf den Zeitpunkt des Erfolges.

Die Verjährung wird indessen nach § 63 Abs. 2 der 1. HandwAufbVO. unterbrochen durch:

1. den unter Beifügung des Ermittlungsergebnisses bei dem handwerklichen Ehrengericht gestellten Antrag des Vorsitzenden der Handwerkskammer auf Einleitung des ehrengerichtlichen Verfahrens;

2. jede sonstige Handlung der mit der Durchführung der Ehrengerichtsbarkeit betrauten Stellen[3]), sofern die Handlung wegen der begangenen Ehrverletzung gegen den Täter gerichtet ist.

Nach der Unterbrechung beginnt eine neue Verjährung (§ 63 Abs. 2 der 1. HandwAufbVO.).

Wird ein ehrengerichtliches Verfahren gemäß der Vorschrift des § 76 Abs. 1 der 1. HandwAufbVO. mit Rücksicht auf ein wegen der

---

[1]) i. d. Fassung des Gesetzes zur Änderung des Strafgesetzbuches vom 28. Juni 1935 (RGBl. I S. 839).

[2]) Dieser Grundsatz ist unter Anwendung der damals noch geltenden früheren Fassung des § 2 RStGB. für das soziale Ehrengerichtsverfahren durch den Erlaß des Reichsarbeitsministers vom 23. April 1934 (Reichsarbeitsblatt I S. 122) ausdrücklich ausgesprochen.

[3]) Diese sind der Vorsitzende der Handwerkskammer, der Vorsitzende des Ehrengerichts, das Ehrengericht selbst und dessen Geschäftsstelle.

gleichen Handlung anhängig gemachtes öffentliches Strafverfahren oder soziales Ehrengerichtsverfahren ausgesetzt, so ruht nach der im § 63 Abs. 2 S. 3 der 1. HandwAufbVO. für entsprechend anwendbar erklärten Bestimmung des § 69 Abs. 1 RStGB. die Verjährung während der Dauer der Aussetzung.

Nach dem Wortlaut des § 63 Abs. 1 der 1. HandwAufbVO. verjährt nur die ehrengerichtliche Verfolgung des Täters. Die erwähnten Verjährungsvorschriften beziehen sich daher ausschließlich auf die Verjährung der Strafverfolgung, nicht aber auf die Verjährung der Strafvollstreckung. Bestimmungen über die letztere fehlen völlig, eine Verjährung der Strafvollstreckung kommt infolgedessen nicht in Frage.

II. Abschnitt

Das Verhältnis der handwerklichen Ehrengerichtsbarkeit zu anderen Verfahren

§ 7. Das Verhältnis zum öffentlichen Strafverfahren

Die im ehrengerichtlichen Verfahren zur Ahndung von handwerklichen Ehrwidrigkeiten zu verhängende handwerkliche Ehrenstrafe ist Disziplinarstrafe. Aus dem besonderen Wesen dieser Strafe, die sich schon durch ihren Zweck von der öffentlichen Strafe unterscheidet, ergibt sich, daß eine strafbare Handlung im Sinne des öffentlichen Strafrechts, wenn und soweit sie zugleich einen Verstoß gegen die handwerkliche Ehre bildet, auch Gegenstand eines handwerklichen Ehrengerichtsverfahrens sein kann. Die Verurteilung zu einer öffentlichen Strafe schließt also die Verfolgung des Täters im ehrengerichtlichen Verfahren nicht aus, wie auch umgekehrt die Bestrafung im ehrengerichtlichen Verfahren die nachfolgende Verurteilung des Ehrbrechers im öffentlichen Strafverfahren nicht hindert.

Um nun ein zeitliches Zusammentreffen von Ehrengerichtsverfahren und öffentlichen Strafverfahren zu vermeiden, bestimmt die Vorschrift des § 76 Abs. 1 der 1. HandwAufbVO., daß das Strafverfahren in jedem Falle den zeitlichen Vorrang haben soll. Das ehrengerichtliche Verfahren ist demnach immer auszusetzen, sobald wegen der gleichen Handlung die öffentliche Klage erhoben ist und zwar hat die Aussetzung stets bis zur rechtskräftigen Erledigung der Strafsache zu erfolgen.

Führt das öffentliche Strafverfahren zu einer Freisprechung, so können die in diesem Verfahren zur Erörterung gekommenen Tatsachen dem ehrengerichtlichen Verfahren nur zugrunde gelegt werden, wenn und soweit diese Tatsachen an sich und unabhängig von dem Tatbestand einer in den Strafgesetzen vorgesehenen Handlung die ehrengerichtliche Bestrafung begründen (§ 76 Abs. 2 der 1. HandwAufbVO.). Hierbei ist natürlich das Ehrengericht an die Feststellungen des Strafgerichts gebunden. Endet dagegen das Strafverfahren mit der Verurteilung des Angeklagten, so hat der Vorsitzende des Ehrengerichts nach freiem, pflichtgemäßen Ermessen zu entscheiden, ob das ehrengerichtliche Verfahren durchgeführt werden soll. Lehnt er die Durchführung ab, so wird das bisher nur ausgesetzte Verfahren unzulässig und ist daher durch Beschluß einzustellen. Gegen den Beschluß kann der Vorsitzende der Handwerkskammer nach der hier ohne weiteres entsprechend anzuwendenden Vorschrift des § 304 Abs. 1 StPO.[1]) Beschwerde einlegen, über die aber nicht das Ehrengericht, sondern der Vorsitzende des Ehrengerichtshofs beim Deutschen Handwerks- und Gewerbekammertag zu entscheiden hat, dessen Entscheidung endgültig ist (§ 88 der 1. HandwAufbVO.).

§ 8. Das Verhältnis zu bürgerlichen Rechtsstreitigkeiten

Von den verschiedenen Verfahren vor den ordentlichen Gerichten beeinflußt nur das öffentliche Strafverfahren, nicht aber das Verfahren in bürgerlichen Rechtsstreitigkeiten die Durchführung von handwerklichen Ehrengerichtsverfahren. Ein bürgerlicher Rechtsstreit berührt daher das Ehrengerichtsverfahren in keiner Weise, jedoch kann jedes der beiden Verfahren ausgesetzt werden, um das Ergebnis des anderen abzuwarten.

§ 9. Das Verhältnis zu dem sozialen Ehrengerichtsverfahren

Für das Verhältnis der handwerklichen Ehrengerichtsbarkeit zu dem sozialen Ehrengerichtsverfahren sind die Bestimmungen des § 77 der 1. HandwAufbVO. maßgebend. Danach ist das handwerkliche Ehrengerichtsverfahren grundsätzlich ausgeschlossen, wenn das dem Mitglied der Handwerkerinnung zur Last gelegte ehrwidrige Verhalten zugleich den Tatbestand einer der im § 36 des „Gesetzes zur Ordnung der nationalen Arbeit" bezeichneten Verletzungen der sozialen Ehre erfüllt. Steht das von Anfang an fest, so darf das handwerkliche Ehrengerichtsverfahren gar nicht erst eingeleitet werden. Stellt sich dagegen erst im Laufe des Verfahrens heraus, daß das ehrwidrige Verhalten des Innungsmitgliedes zugleich eine soziale Ehrwidrigkeit bedeutet, so ist das Verfahren einzustellen. Der Vorsitzende der Handwerkskammer als Anklagebehörde hat alsdann darauf hinzuwirken, daß gegen den Beschuldigten im sozialen Ehrengerichtsverfahren vorgegangen wird.

Besonderheiten gelten für den Fall, daß das handwerkliche Ehrengerichtsverfahren bereits anhängig, d. h. der Antrag des Vorsitzenden der Handwerkskammer auf Einleitung des Verfahrens dem Vorsitzenden des Ehrengerichts zugegangen ist[2]) und danach wegen der gleichen Tatsachen ein soziales Ehrengerichtsverfahren eingeleitet wird. In diesem Falle hat nach der im § 77 S. 2 der 1. HandwAufbVO. für

---

[1]) Vgl. hierüber auch § 43 der Abhandlung.
[2]) Vgl. hierzu im § 34 der Abhandlung.

entsprechend anwendbar erklärten Vorschrift des § 76 Abs. 1 dieser Verordnung das soziale Ehrengerichtsverfahren auch in zeitlicher Hinsicht den Vorrang. Das handwerkliche Ehrengerichtsverfahren ist demgemäß bis zur rechtkräftigen Erledigung des sozialen Ehrengerichtsverfahrens auszusetzen. Endet dieses mit der Verurteilung des beschuldigten Handwerkers, so steht damit fest, daß der Tatbestand der sozialen Ehrverletzung erfüllt ist, das handwerkliche Ehrengerichtsverfahren ist daher nach dem oben Gesagten als unzulässig einzustellen. Endet dagegen das soziale Ehrengerichtsverfahren mit einem Freispruch, so gelten für die Fortsetzung des handwerklichen Ehrengerichtsverfahrens die Seite 15 unten angeführten Beschränkungen entsprechend.

§ 10. Das Verhältnis zu dem Verwaltungsverfahren, betreffend die Entziehung der Befugnis zum Halten und zur Anleitung von Lehrlingen

Die Vorschriften des § 126a GewO. normieren ein besonderes Verwaltungsverfahren, durch das einem Gewerbetreibenden die Befugnis zum Halten oder zur Anleitung von Lehrlingen oder dem in seinen Diensten stehenden und von ihm mit der Ausbildung von Lehrlingen beauftragten Handwerksmeister die Befugnis zur Anleitung von Lehrlingen entzogen werden kann. Hierzu bestimmt nun § 96 Abs. 3 der 1. HandwAufbVO., daß für die in die Handwerksrolle eingetragenen Gewerbetreibenden und für die in ihren Diensten stehenden und mit der Anleitung der Lehrlinge betrauten Meister die Entziehung jener Befugnis nicht in dem Verwaltungsverfahren des § 126a GewO., sondern durch Entscheidung des Ehrengerichts erfolgt. Für die genannten Personen tritt also an die Stelle des Verwaltungsverfahrens der GewO. das handwerkliche Ehrengerichtsverfahren, das an sich schon die Entziehung der Befugnis, Lehrlinge zu halten oder anzuleiten, als handwerkliche Ehrenstrafe vorsieht. Auf das Verfahren finden die Bestimmungen der 1. HandwAufbVO. über das handwerkliche Ehrengerichtsverfahren entsprechende Anwendung mit der Maßgabe, daß die Handwerkskammer nach Ablauf eines Jahres auf Antrag die entzogene Befugnis wieder einräumen kann. Voraussetzung für die Entziehung der Befugnis ist aber nicht ein ehrwidriges Verhalten des Innungsmitglieds oder unselbständigen Handwerksmeisters, sondern die Verwirklichung der im § 126a GewO. als Entziehungsgründe angegebenen Tatbestände. Vgl. hierüber auch § 18 der Abhandlung.

§ 11. Das Verhältnis zur Strafbefugnis des Innungsobermeisters

Nach § 50 der 1. HandwAufbVO. ist der Obermeister der Innung befugt, Zuwiderhandlungen der Innungsmitglieder gegen die

Satzung und gegen Anordnungen und Vorschriften, die er im Rahmen seiner Befugnisse erlassen hat, mit Ordnungsstrafe zu ahnden. Diese können in Warnung, Verweis oder in Geldstrafe bis zu 100 Reichsmark bestehen. Die genannte Bestimmung nimmt indessen die Ahndung handwerklicher Ehrwidrigkeiten von dieser Strafbefugnis ausdrücklich aus und legt dadurch fest, daß die Ausübung der Strafbefugnis ihre Grenzen in der handwerklichen Ehrengerichtsbarkeit findet, wie auch umgekehrt für ein Ehrengerichtsverfahren dort kein Raum ist, wo die Ordnungsstrafbefugnis des Innungsobermeisters Platz greift. Beide Verfahren schließen also einander aus.

Die gleichen Grundsätze gelten für die entsprechende Ordnungsstrafbefugnis des Kreishandwerksführers gegenüber den Obermeistern der der Kreishandwerkerschaft angeschlossenen Innungen (§ 57 in Verbindung mit § 50 Abs. 1 der 1. HandwAufbVO.).

§ 12. Das Verhältnis zu dem Amtsenthebungsverfahren des Innungswarts

Das Verfahren bei Amtsenthebung eines Innungswarts ist im § 18 der 1. HandwAufbVO. geregelt. Danach kann der Innungsobermeister, im Falle seiner Behinderung die Handwerkskammer, einen Innungswart sofort abberufen, wenn dieser eine handwerkliche Ehrverletzung begangen hat. Dem Amtsenthebungsverfahren liegt somit im Gegensatz zu dem im vorigen Abschnitt erörterten Ordnungsstrafverfahren der gleiche Tatbestand zugrunde wie dem handwerklichen Ehrengerichtsverfahren. Beide schließen aber einander nicht aus, sondern können unabhängig nebeneinander herlaufen.

Durch die Abberufung des Innungswarts verliert der Betroffene dieses Amt. Da aber die Abberufung nur den Verlust des Amts, nicht aber die Unfähigkeit zu diesem zur Folge hat, so kann der Betroffene später doch wieder zum Innungswart bestellt werden, es sei denn, daß ihm durch das wegen seines Verhaltens zugleich eingeleitete Ehrengerichtsverfahren die Fähigkeit, Innungswart zu sein, aberkannt ist.

III. Abschnitt

Die handwerklichen Ehrenstrafen

§ 13. Allgemeines

Die 1. HandwAufbVO. konnte naturgemäß die mannigfaltigen ehrwidrigen Straftatbestände nicht in der gleichen scharf umrissenen Weise festlegen wie dies im Strafgesetzbuch geschehen ist. Dementsprechend konnte sie auch keine Vorschriften darüber treffen, welche Ehrenstrafe bei einer bestimmten Ehrverletzung zu verhängen ist, sondern mußte sich ebenso wie das „Gesetz zur Ordnung der nationalen Arbeit" in bezug auf das soziale Ehrengerichtsverfahren darauf beschränken, dem Ehrenrichter eine Reihe von Ehrenstrafen zur Verfügung zu stellen, die sie im § 61 erschöpfend aufführt. Diese Strafen sind im einzelnen: Warnung (§ 14), Verweis (§ 15), Ordnungsstrafe in Geld bis zum Höchstbetrag von eintausend Reichsmark (§ 16), Aberkennung der Fähigkeit, Innungswart zu sein (§ 17), Entziehung der Befugnis, Lehrlinge zu halten oder anzuleiten (§ 18) und Aberkennung des Meistertitels (§ 19). Außerdem sieht § 62 der 1. HandwAufbVO. als Ehrenstrafe die Veröffentlichung des Urteils vor (§ 20). Andere als die vorbezeichneten Strafen, insbesondere Haft- oder Gefängnisstrafen gibt es dagegen im handwerklichen Ehrengerichtsverfahren nicht.

Von den vorgenannten Ehrenstrafen sind die drei an erster Stelle genannten Strafen, nämlich: Warnung, Verweis und Ordnungsstrafe in Geld bis zum Höchstbetrage von eintausend Reichsmark sog. Grundstrafen, d. h. eine dieser Strafen muß in jedem Falle verhängt werden. Die übrigen Strafen sind dagegen sog. Nebenstrafen, d. h. sie können nicht selbständig, sondern nur zusätzlich in Verbindung mit einer Grundstrafe ausgesprochen werden. Die gleichzeitige Verhängung mehrerer Nebenstrafen ist zulässig.

Im Rahmen der Urteilsfindung hat das Ehrengericht die Aufgabe, nach freiem Ermessen eine Grundstrafe — gegebenenfalls verbunden mit einer Nebenstrafe — zu verhängen und sie der Schwere der begangenen Ehrverletzung derart anzupassen, daß die Ehrwidrigkeit eine gerechte und angemessene Sühne findet. Hierbei ist zu beachten, daß nur die Auswahl der zu verhängenden Grundstrafe in das völlig freie Ermessen des Ehrengerichts gestellt ist, während das Gesetz die Verhängung der Nebenstrafen von bestimmten Voraussetzungen abhängig macht.

Bei der Strafzumessung kann das Ehrengericht nicht mehrere an sich zulässige Grundstrafen nebeneinander verhängen. Die Unzulässigkeit eines solchen Strafausspruchs folgt aus der Erwägung, daß das Gesetz nicht die einzelne Tat des Beschuldigten, sondern sein gesamtes ehrwidriges Verhalten unter Strafe stellt. Dementsprechend ist für mehrere Verfehlungen immer nur eine Strafe auszuwerfen [1]).

Die rechtskräftige Bestrafung mit einer der genannten Ehrenstrafen zieht in jedem Falle die lebenslängliche Unfähigkeit nach sich, das Amt eines Beisitzers eines handwerklichen Ehrengerichts auszuüben (§ 65 Abs. 2 der 1. HandwAufbVO.). Vgl. hierüber auch § 25 der Abhandlung.

§ 14. Warnung

Unter den Grundstrafen des handwerklichen Ehrengerichtsverfahrens ist die Warnung die leichteste. Sie enthält in disziplinarrechtlicher Hinsicht einen Tadel, darüber hinaus bedeutet sie aber auch eine ernstliche Mahnung an den Betroffenen, in Zukunft sein Verhalten gemäß den durch die handwerklichen Standes- und Ehrenpflichten bestimmten Grundsätzen einzurichten.

Auf Warnung kann sowohl durch Urteil des Ehrengerichts als auch durch Strafbescheid des Vorsitzenden des Ehrengerichts (ohne mündliche Hauptverhandlung) erkannt werden. Der Strafbescheid kann durch Einspruch an das Ehrengericht angefochten werden, über den dieses durch ein auf Grund mündlicher Hauptverhandlung zu erlassendes Urteil entscheidet (§ 80 Abs. 2 der 1. HandwAufbVO.). Gegen ein die Warnung aussprechendes oder einen Strafbescheid bestätigendes Urteil des Ehrengerichts kann nur der Vorsitzende der Handwerkskammer, nicht aber der Angeklagte Berufung einlegen (§ 89 Abs. 3 der 1. HandwAufbVO.).

§ 15. Verweis

Der Verweis ist ebenfalls eine Grundstrafe; er ist mehr als die Warnung. Er enthält einen ernsten Tadel des bisherigen Verhaltens des Angeklagten und drückt im Gegensatz zur bloßen Warnung vollinhaltlich eine scharfe Mißbilligung des Verhaltens des Angeklagten aus.

---

[1]) Vgl. für die gleichliegenden Verhältnisse des sozialen Ehrengerichtsverfahrens: Doerner, JW. 1934 S. 1217 und die dort angeführte Stelle.

Hinsichtlich der Verhängung des Verweises und der Anfechtbarkeit der einen solchen aussprechenden Entscheidung gilt das über die Warnung Gesagte entsprechend.

§ 16. Ordnungsstrafe in Geld.

Die Ordnungsstrafe in Geld ist ebenfalls eine Grundstrafe; sie ist im Gegensatz zur Warnung und zum Verweis eine Vermögensstrafe. Sie ist in ihrer Höhe nur nach oben beschränkt; ihr Höchstbetrag ist eintausend Reichsmark. Im Falle ihrer Uneinbringlichkeit tritt an ihre Stelle keine Ersatzfreiheitsstrafe.

Die Ausführungen im § 14 der Abhandlung über die Verhängung einer Warnung und über die Anfechtbarkeit der eine solche aussprechenden Entscheidung gelten für die Ordnungsstrafe in Geld nur soweit die verhängte Geldstrafe den Betrag von einhundert Reichsmark nicht überschreitet. Eine höhere Geldstrafe als hundert Reichsmark kann dagegen nach den Vorschriften der §§ 80, 81 der 1. HandwAufbVO. nur auf Grund einer mündlichen öffentlichen Hauptverhandlung durch Urteil des Ehrengerichts verhängt werden, gegen das Berufung in jedem Falle zulässig ist.

§ 17. Aberkennung der Fähigkeit, Innungswart zu sein

Die auf Aberkennung der Befähigung zum Innungswart lautende Ehrenstrafe ist, wie aus dem Wortlaut des § 61 Abs. 2 der 1. HandwAufbVO. hervorgeht, eine Nebenstrafe, die nur in Verbindung mit einer Grundstrafe verhängt werden kann. Sie kann nur bei einer schweren Ehrenverfehlung des Innungsmitglieds und nur durch ein auf Grund einer mündlichen Hauptverhandlung erlassenes Urteil des Ehrengerichts ausgesprochen werden. Gegen das Urteil ist in jedem Falle das Rechtsmittel der Berufung zulässig.

Die Fähigkeit, Innungswart zu sein, kann dem Verurteilten entweder auf die Dauer oder auf eine bestimmte Zeit aberkannt werden. Der Zeitraum der Aberkennung ist in dem entscheidenden Teil des Urteils anzugeben.

Die Aberkennung der Fähigkeit, Innungswart zu sein, hat die Wirkung, daß der Verurteilte das Amt des Innungswarts mit der Rechtskraft des die Aberkennung aussprechenden Urteils verliert und daß er ferner in der in dem Urteil angegebenen Zeit der Aberkennung kein Innungswart sein kann. Die Aberkennung der Fähigkeit, Innungswart zu sein, hat weiterhin die Wirkung, daß der Verurteilte für die im Urteil des Ehrengerichts angegebene Zeit nicht zum Gesellenwart und nicht zum Mitglied eines Beirats der Innung bestellt und auch nicht als Vertreter zur Innungsversammlung gewählt werden kann (§§ 27 Abs. 2, 26 Abs. 1 der 1. HandwAufbVO.). Die gleichen Beschränkungen gelten für die Bestellung und Wahl des Verurteilten zu den den vorstehenden Ämtern entsprechenden Ämtern der Kreishandwerkerschaft.

§ 18. Entziehung der Befugnis, Lehrlinge zu halten und anzuleiten

Die Entziehung der Befugnis, Lehrlinge zu halten und (bei Handwerkern, die die Meisterprüfung abgelegt haben) anzuleiten, ist, wie sich aus der Fassung des § 61 Abs. 3 der 1. HandwAufbVO. ergibt, ebenfalls eine Nebenstrafe, die nur in Verbindung mit einer Grundstrafe verhängt werden darf. Sie ist ausschließlich durch ein auf Grund einer mündlichen Hauptverhandlung des Ehrengerichts zu erlassendes Urteil auszusprechen. Gegen das Urteil ist das Rechtsmittel der Berufung in jedem Falle gegeben.

Die Ehrenstrafe erstreckt sich bei Handwerkern, die den Meistertitel nicht besitzen, lediglich auf die Entziehung der Befugnis zum Halten von Lehrlingen; bei solchen Handwerkern, die den Titel zu führen berechtigt sind, kann sich dagegen die Entziehung entweder auf die Befugnis zum Halten oder auf die Befugnis zur Anleitung von Lehrlingen oder aber auf beides beziehen.

Die Ehrenstrafe der Entziehung der Befugnis, Lehrlinge zu halten oder anzuleiten, muß ebenso wie die Aberkennung der Befähigung zum Innungswart entweder auf Zeit oder auf dauernd verhängt werden. Geschieht das erstere, so muß der Zeitraum, in welchem die Befugnis entzogen sein soll, in dem entscheidenden Teil des Urteils angegeben werden.

Voraussetzung für die Verhängung der Ehrenstrafe ist zunächst das Vorliegen einer schweren ehrenrechtlichen Verfehlung des Angeklagten; sodann muß weiterhin die Annahme gerechtfertigt sein, daß das Innungsmitglied nicht geeignet ist, Lehrlinge zu halten oder anzuleiten.

Die Strafe hat die Wirkung, daß der Verurteilte mit der Rechtskraft des Urteils die Berechtigung verliert, Lehrlinge zu halten oder auszubilden. Er muß daher im ersteren Falle alle bei ihm beschäftigten Lehrlinge aus seinem Betriebe entlassen und für ihre anderweitige Unterbringung sorgen. Ist dagegen der Verurteilte berechtigt, den Meistertitel zu führen und ist ihm nur die Befugnis zur Anleitung von Lehrlingen entzogen, so kann er die bei ihm beschäftigten Lehrlinge in seinem Betriebe belassen, muß aber dann einen Meister einstellen und ihn mit der weiteren Ausbildung der Lehrlinge beauftragen.

Von der Entziehung der Befugnis zum Halten und zur Anleitung von Lehrlingen als handwerkliche Ehrenstrafe ist die schon erwähnte Entziehung als Verwaltungsmaßnahme im Sinne des

Verwaltungsverfahrens des § 126 a GewO. streng zu unterscheiden. Das Verfahren, in welchem die Entziehung der Befugnis ausgesprochen wird, ist zwar in beiden Fällen das gleiche, nämlich das handwerkliche Ehrengerichtsverfahren (§ 96 Abs. 3 S. 2 der 1. HandwAufbVO.). Indessen ergeben sich für das an die Stelle des Verwaltungsverfahrens des § 126 a GewO. tretende Ehrengerichtsverfahren einige Abweichungen gegenüber dem sonstigen ehrengerichtlichen Strafverfahren. Diese Abweichungen sind im einzelnen folgende:

1. Die Entziehung der Befugnis, die im Ermessen des Ehrengerichts steht, setzt kein ehrwidriges Verhalten des Innungsmitgliedes, sondern die Verwirklichung eines der im § 126 a GewO. als Entziehungsgründe angegebenen Tatbestände voraus. Nach der genannten Vorschrift kann die Entziehung der Befugnis zum Halten oder zur Anleitung von Lehrlingen nur erfolgen bei wiederholter grober Pflichtverletzung und mangelnder sittlicher Eignung des Lehrherrn, deren Annahme auf bestimmte Tatsachen gestützt sein muß. Für die Entziehung der Befugnis zur Anleitung von Lehrlingen kommen außerdem als weitere Entziehungsgründe noch körperliche oder geistige Gebrechen des ausbildenden Handwerksmeisters in Betracht.

2. Die Entziehung der Befugnis zur Anleitung von Lehrlingen kann auch gegenüber Nichtmitgliedern der Innung, nämlich gegenüber denjenigen Personen erfolgen, die als unselbständige Handwerker in den Diensten des Innungsmitgliedes stehen, die Meisterprüfung abgelegt haben und von dem Lehrherrn mit der Ausbildung und Anleitung der Lehrlinge beauftragt sind. Auch bei diesen Personen erfordert die Entziehung der Befugnis kein ehrwidriges Verhalten des ausbildenden Handwerkmeisters; die Entziehung setzt vielmehr voraus, daß die unter 1. angeführten Entziehungsgründe des § 126 a GewO. gegeben sind.

Die örtliche Zuständigkeit des Ehrengerichts zur Entziehung der Befugnis bestimmt sich nach den Grundsätzen, die gelten würden, wenn der mit der Ausbildung beauftragte unselbständige Handwerksmeister Mitglied der Innung des Betriebsinhabers wäre.

Die Entziehung der Befugnis hat die Wirkung, daß der betroffene unselbständige Handwerkermeister keine Lehrlinge mehr ausbilden kann. Der Betriebsinhaber muß daher, sofern er den Meistertitel besitzt, die Ausbildung selbst übernehmen oder sie einem anderen in seinen Diensten stehenden Handwerksmeister übertragen.

3. Da die Entziehung der Befugnis zum Halten oder zur Anleitung von Lehrlingen keine Ehrenstrafe, sondern eine Verwaltungsmaßnahme ist, so ist sie selbständig, d. h. ohne Verbindung mit einer der im sonstigen Ehrengerichtsverfahren zu verhängenden Grundstrafen auszusprechen. Die zu dem Verfahren führenden Vorkommnisse werden meist

allerdings zugleich auch den Tatbestand einer handwerklichen Ehrwidrigkeit erfüllen, die, wenn der Betroffene Innungsmitglied ist, natürlich Gegenstand eines nachfolgenden ordnungsmäßigen handwerklichen Ehrengerichtsverfahrens sein kann. In diesem Verfahren kann alsdann der Betroffene unbeschadet der bereits durch die Entscheidung des handwerklichen Ehrengerichts erfolgten Entziehung der Befugnis zum Halten oder zur Anleitung von Lehrlingen mit einer Grundstrafe — gegebenenfalls in Verbindung mit einer Nebenstrafe — belegt werden, ohne daß der Betroffene der Verurteilung die Rechtskraft der ersten Entscheidung des Ehrengerichts entgegensetzen könnte.

4. Die Entziehung der Befugnis erfolgt zwar nach der entsprechend anzuwendenden Vorschrift des § 61 Abs. 3 der 1. HandwAufbVO. entweder auf Zeit oder dauernd; die Handwerkskammer kann jedoch die entzogene Befugnis nach Ablauf eines Jahres dem Betroffenen auf Antrag wieder einräumen (§ 96 Abs. 3 S. 3 der 1. HandwAufbVO.). Das Ehrengericht selbst kann also die von ihm angeordnete Entziehung nicht zurücknehmen.

Die vorgesehene Wiedereinräumung der entzogenen Befugnis entspricht der Vorschrift des § 126 Abs. 4 GewO.

§ 19. Aberkennung des Meistertitels

Die Aberkennung des Meistertitels ist, wie aus der Fassung des § 61 Abs. 4 der 1. HandwAufbVO. hervorgeht, ebenfalls eine Nebenstrafe und kann nur über solche Innungsmitglieder verhängt werden, die die Meisterprüfung abgelegt haben. Sie ist vom Ehrenstandpunkt aus die schwerste Strafe, die einen Handwerker treffen kann. Ein Vergleich der Strafe mit der Ehrenstrafe der Entziehung der Befugnis, Lehrlinge zu halten oder anzuleiten, zeigt indessen, daß die letztere Strafe, die ausschließlich die lehrlingsrechtliche Stellung des Handwerkers beeinflußt vom Standpunkt dieses Rechts aus doch als die schwerere anzusehen ist. Nimmt sie doch dem Handwerksmeister, dem sowohl die Befugnis zum Halten als auch die Befugnis zur Anleitung von Lehrlingen entzogen ist, jede Möglichkeit, Lehrlinge zu beschäftigen, während der Handwerksmeister, dem der Meistertitel aberkannt ist, zwar keine Lehrlinge mehr ausbilden, wohl aber noch beschäftigen kann, sofern er einen Handwerksmeister einstellt und ihn mit der weiteren Ausbildung der Lehrlinge beauftragt.

Die Ehrenstrafe der Aberkennung des Meistertitels darf nur in besonders schweren Fällen und nur durch ein auf Grund einer mündlichen Hauptverhandlung zu erlassendes Urteil des Ehrengerichts verhängt werden. Gegen das Urteil ist das Rechtsmittel der Berufung in jedem Falle gegeben.

Die Aberkennung des Meistertitels ist entweder auf Zeit oder auf die Dauer auszusprechen. In letzterem Falle ist der Zeitraum der Aberkennung in dem entscheidenden Teil des Urteils anzugeben.

Die Aberkennung des Meistertitels hat in arbeitsrechtlicher Hinsicht den Verlust der Berechtigung zur Anleitung von Lehrlingen zur Folge. Das Innungsmitglied, dem der Meistertitel aberkannt ist, muß daher — sofern ihm nicht auch die Befugnis zum Halten von Lehrlingen entzogen ist — für die weitere Ausbildung seiner Lehrlinge einen Handwerksmeister einstellen und ihn mit der Weiterbildung der Lehrlinge beauftragen.

§ 20. Veröffentlichung des Urteils

Auch die im § 62 der 1. HandwAufbVO. vorgesehene Veröffentlichung des Urteils ist, wie aus dem Wortlaut der Vorschrift folgt, eine Nebenstrafe. Sie kann daher nur in Verbindung mit einer Grundstrafe und nur durch ein auf Grund einer mündlichen Hauptverhandlung zu erlassendes Urteil des Ehrengerichts verhängt werden. Gegen das Urteil ist das Rechtsmittel der Berufung in jedem Falle zulässig.

Voraussetzung für die Anordnung der Veröffentlichung des Urteils ist, daß der Angeklagte bereits zweimal wegen schwerer ehrenrechtlicher Verfehlungen mit Ehrenstrafen belegt worden ist, und daß er sich danach wiederum einen schweren Verstoß gegen die handwerkliche Ehre hat zuschulden kommen lassen.

Die Strafe selbst besteht in der Veröffentlichung des entscheidenden Teils des Urteils auf Kosten des Angeklagten. In welcher Weise die Veröffentlichung zu erfolgen hat, ist im Urteil festzulegen. In Frage kommt sowohl die Veröffentlichung durch eine oder mehrere Zeitungen oder sonstige periodische Druckschriften als auch durch Anschlag an bestimmten öffentlichen oder der Öffentlichkeit zugänglichen Stellen.

IV. Abschnitt

Die Verfassung und äußere Organisation der handwerklichen Ehrengerichte

§ 21. Zuständigkeit

Unter den zur Entscheidung über handwerkliche Ehrwidrigkeiten berufenen Ehrengerichten ist im ersten Rechtszug für alle vorkommenden Ehrverletzungen das „Ehrengericht" ausschließlich zuständig, während im (2.) Berufungsrechtszug der Ehrengerichtshof beim Deutschen Handwerks- und Gewerbekammertag zu entscheiden hat.

Die örtliche Zuständigkeit der Ehrengerichte richtet sich nach der Handwerkskammer, der der Täter durch seine Innung angeschlossen ist. Zur Ahndung handwerklicher Ehrverletzungen ist daher örtlich das Ehrengericht bei derjenigen Handwerkskammer zuständig, in deren Bezirk die Handwerkerinnung, der der Ehrbrecher als Mitglied angehört, ihren Sitz hat. Gehört der Ehrbrecher mehreren Innungen an (§ 8 Abs. 2 der 1. HandwAufbVO.), die ihren Sitz in verschiedenen Handwerkskammerbezirken haben, so ist für die Frage der örtlichen Zuständigkeit der Sitz der Innung des Hauptberufs ausschlaggebend.

§ 22. Bezirk und Sitz

Nach § 64 Abs. 1 der 1. HandwAufbVO. ist bei jeder Handwerkskammer ein Ehrengericht zu bilden, dessen Bezirk sich infolgedessen mit dem Bezirk der Handwerkskammer deckt und dessen Sitz der Sitz der Handwerkskammer ist.

Zur Entscheidung im zweiten Rechtszug besteht nur ein Gericht: der Ehrengerichtshof beim Deutschen Handwerks- und Gewerbekammertag. Dessen Bezirk erstreckt sich sonach auf das ganze Reichsgebiet. Sein Sitz ist Berlin.

§ 23. Aufbau und Besetzung

Das im ersten Rechtszug tätige Ehrengericht entscheidet regelmäßig durch Urteil auf Grund einer mündlichen Hauptverhandlung in der Besetzung mit einem Vorsitzenden und zwei Beisitzern. Daneben hat der

Vorsitzende allein durch Beschluß zu entscheiden, wenn er, ohne mündliche Hauptverhandlung anzuberaumen, auf Warnung. Verweis oder Ordnungsstrafe in Geld bis zu RM. 100,— erkennt. Das gleiche gilt für das Verfahren bei der Amtsenthebung eines Beisitzers des Ehrengerichts wegen Fehlens einer Voraussetzung seiner Berufung (§ 65 Abs. 3 der 1. HandwAufbVO.) und für die Entscheidung über die Berechtigung zur Ablehnung eines Beisitzers des Ehrengerichts (§ 66 Abs. 2 der 1. HandwAufbVO.).

Der Ehrengerichtshof beim Deutschen Handwerks- und Gewerbekammertag entscheidet sowohl im Berufungsverfahren als auch im Verfahren bei der Amtsenthebung eines Beisitzers des Ehrengerichts oder des Ehrengerichtshofs wegen grober Verletzung seiner Amtspflichten (§ 68 der 1. HandwAufbVO.) in der Besetzung mit einem Vorsitzenden und vier Beisitzern (§ 90 der 1. HandwAufbVO.). Dagegen entscheidet der Vorsitzende des Ehrengerichtshofs allein im Beschwerdeverfahren (§ 88 der 1. HandwAufbVO.) und im Verfahren bei der Amtsenthebung eines Beisitzers des Ehrengerichtshofs wegen Fehlens einer Voraussetzung für seine Berufung.

§ 24. Vorsitzender

Der Vorsitzende des Ehrengerichts ist ein von dem Reichsminister der Justiz im Einvernehmen mit dem Reichswirtschaftsminister zu ernennender Richter. Zum Vorsitzenden kann also nur eine Person bestellt werden, welche die beamtenrechtliche Stellung eines Richters besitzt. Andere Personen können, auch wenn sie die Befähigung zum Richteramt haben, nicht bestellt werden.

Der Vorsitzende des Ehrengerichts wird auf die Dauer von drei Jahren berufen (§ 64 Abs. 2 der 1. HandwAufbVO.).

Der Vorsitzende des Ehrengerichtshofs beim Deutschen Handwerks- und Gewerbekammertag ist ebenfalls ein Richter. Auch er wird von dem Reichsminister der Justiz im Einvernehmen mit dem Reichswirtschaftsminister auf die Dauer von drei Jahren berufen. Die gleichen Grundsätze gelten hinsichtlich der Berufung der für die Vorsitzenden der Ehrengerichte und des Ehrengerichtshofs erforderlichen Stellvertreter.

Die einschlägigen Vorschriften der StPO. über die Ausschließung und Ablehnung der Gerichtspersonen finden auf die Vorsitzenden der Ehrengerichte entsprechende Anwendung. Wird der Vorsitzende eines Ehrengerichts abgelehnt, so entscheidet über die Berechtigung der Ablehnung der Vorsitzende des Ehrengerichtshofs beim Deutschen Handwerks- und Gewerbekammertag.

§ 25. Beisitzer (Berufung zum Amt des Beisitzers)

Die handwerkliche Ehrengerichtsbarkeit legt ebenso wie die soziale Ehrengerichtsbarkeit des „Gesetzes zur Ordnung der nationalen Arbeit" besonderen Wert darauf, an ihrer Spruchtätigkeit Laienrichter zu beteiligen, um damit eine wirklich im Volksbewußtsein wurzelnde, volksnahe Rechtsprechung der handwerklichen Ehrengerichte sicherzustellen. Daher sind die Laienrichter grundsätzlich in allen Instanzen des Ehrengerichtsverfahrens vertreten.

So wirken an der Entscheidung des im ersten Rechtszug tätigen Ehrengerichts neben dem Vorsitzenden zwei Laienbeisitzer mit. Zu dem Amt eines Beisitzers sind nach § 65 Abs. 1 der 1. HandwAufbVO. nur Personen zu berufen, die Reichsangehörige sind und das 25. Lebensjahr vollendet haben. Sie sollen besonders bewährte und geachtete selbständige Handwerker sein und eine Meisterprüfung abgelegt haben.

Zum Amt eines Beisitzers des handwerklichen Ehrengerichts unfähig sind nach § 65 Abs. 2 der 1. HandwAufbVO.:

1. Personen, die rechtskräftig mit einer handwerklichen oder sozialen Ehrenstrafe bestraft sind.
2. Personen, denen die bürgerlichen Ehrenrechte aberkannt sind.
3. Personen, denen die Fähigkeit zur Bekleidung öffentlicher Ämter aberkannt ist.
4. Personen, gegen die das Hauptverfahren wegen eines Verbrechens oder Vergehens eröffnet ist, das die Aberkennung der bürgerlichen Ehrenrechte oder der Fähigkeit zur Bekleidung öffentlicher Ämter zur Folge haben kann.
5. Personen, die infolge gerichtlicher Anordnung in der Verfügung über ihr Vermögen beschränkt sind. Zu diesen gehört der Gemeinschuldner im Konkursverfahren, nicht aber der Schuldner im Vergleichsverfahren und im landwirtschaftlichen Entschuldungsverfahren.

Die für jedes Ehrengericht erforderlichen Beisitzer werden nach § 64 Abs. 2 der 1. HandwAufbVO. von dem Reichswirtschaftsminister oder der von ihm bestimmten Stelle (das ist der Deutsche Handwerks- und Gewerbekammertag) auf die Dauer von drei Jahren berufen.

Die zum Beisitzer berufenen Personen, die von der Berufung zu verständigen sind, können die Übernahme des Amts nicht verweigern, denn kein Volksgenosse, der die gesetzlichen Voraussetzungen des Beisitzeramtes erfüllt, darf sich diesem Ehrenamt entziehen. Die Übernahme des Beisitzeramtes darf nur aus den im § 66 Abs. 1 der 1. HandwAufbVO. ausdrücklich bezeichneten Gründen abgelehnt werden. Diese sind: Alter über 65 Jahre, Behinderung durch Krankheit oder Gebrechen, Überlastung durch andere ehrenamtliche Tätigkeit für die Allgemeinheit sowie bereits erfolgte Ausübung des Beisitzeramtes in den sechs der Berufung vorhergehenden Jahren, für Frauen auch Behinderung durch die Fürsorge für ihre Familie. Über die Berechtigung zur Ablehnung des Amtes hat der Ehrengerichtsvorsitzende endgültig zu entscheiden. Nach der einmal erfolgten Übernahme des Beisitzeramtes kann dasselbe nicht mehr abgelehnt werden.

§ 26. Beisitzer (Ausübung und Beendigung des Amtes)

Das Amt des Beisitzers des handwerklichen Ehrengerichts beginnt mit der Berufung zum Amt. Die Heranziehung der Beisitzer zu den einzelnen Ehrengerichtssitzungen erfolgt in einer Reihenfolge, die von dem Vorsitzenden des Ehrengerichts vor Beginn eines jeden Geschäftsjahres durch das Los bestimmt wird (§ 67 Abs. 2 der 1. HandwAufbVO.).

Der Beisitzer ist vor der ersten Dienstleistung, also vor dem Beginn der ersten mündlichen Hauptverhandlung, an welcher er teilnimmt, durch den Vorsitzenden auf die gewissenhafte Erfüllung der Obliegenheiten seines Amtes eidlich zu verpflichten (§ 64 Abs. 1 der 1. HandwAufbVO.). Einen besonderen Wortlaut der Eidesformel schreibt das Gesetz ebensowenig wie die ihr fast gleichlautende Vorschrift des § 20 Abs. 3 des Arbeitsgerichtsgesetzes vor. Man wird die Eidesformel in Anlehnung an die Formel des § 51 GVG. zu fassen haben. Über die erfolgte Beeidigung ist von dem Urkundsbeamten der Geschäftsstelle des Ehrengerichts eine Niederschrift aufzunehmen.

Die Bestimmungen des § 25 des Arbeitsgerichtsgesetzes über die Entschädigung der Beisitzer der Arbeitsgerichte finden auf die Beisitzer der handwerklichen Ehrengerichte entsprechende Anwendung. Das gleiche gilt für die „Verordnung über die Entschädigung der Arbeitgeber- und der Arbeitnehmerbeisitzer der Arbeitsgerichtsbehörden" vom 17. Februar 1932[1]). Die nach dieser Verordnung als Entschädigung für Verdienstausfall, Aufwand und Auslagen zu zahlenden Beträge setzt der Vorsitzende des Ehrengerichts fest. Seine Entscheidung ist endgültig.

Erscheint ein Beisitzer nicht rechtzeitig zu einer Sitzung oder bleibt er der Sitzung des Ehrengerichts ohne genügende Entschuldigung fern oder entzieht er sich seinen Obliegenheiten in anderer Weise, so kann er von dem Ehrengerichtsvorsitzenden in eine Ordnungsstrafe genommen werden (§ 69 Satz 1 der 1. HandwAufbVO.). Die Strafe ist bei nachträglicher genügender Entschuldigung aufzuheben oder zu ermäßigen. Gegen den Strafbeschluß ist das Rechtsmittel der Beschwerde gegeben,

---

[1]) RGBl. 1 S. 74 nebst Änderung vom 28. Februar 1934 (RGBl. I S. 173 nebst Berichtigung S. 258).

über die nach § 88 der 1. HandwAufbVO. der Vorsitzende des Ehrengerichtshofs beim Deutschen Handwerks- und Gewerbekammertag zu entscheiden hat, dessen Entscheidung endgültig ist.

Die zu Beisitzer des Ehrengerichts berufenen Personen genießen nur in beschränktem Umfange einen über den allgemeinen Schutz aller Staatsbürger hinausgehenden erhöhten Strafschutz. Sie stehen insbesondere nicht unter dem besonderen Strafschutz des § 1 des „Gesetzes zur Gewährleistung des Rechtsfriedens“ [1]), da diese Bestimmung nur Richter, Schöffen, Geschworene, Zeugen und Sachverständige in bezug auf ihre amtliche oder dienstliche Tätigkeit oder wegen ihrer Bekundung, nicht aber Beisitzer des Ehrengerichts oder Arbeitsrichter beschützt.

Das Amt des Beisitzers erlischt regelmäßig durch Zeitablauf, d. h. mit der Beendigung der auf 3 Jahre bestimmten Amtsdauer. Nach § 64 Abs. 2 Satz 5 in Verbindung mit § 34 der 1. HandwAufbVO. bleibt jedoch der Beisitzer nach Ablauf der Amtsdauer im Amte, bis sein Nachfolger bestellt ist. Ausnahmsweise kann das Beisitzeramt auch schon früher enden, nämlich entweder durch den Tod des Beisitzers oder infolge Amtsenthebung.

Eine Amtsenthebung des Beisitzers kann aus zwei Gründen erfolgen. Zunächst einmal kann der Beisitzer seines Amts deswegen enthoben werden, weil eine der bezeichneten gesetzlichen Voraussetzungen für die Berufung in das Amt nachträglich fortgefallen ist oder das Fehlen einer Voraussetzung nachträglich bekannt wird. In diesem Falle erlischt das Amt aber nicht ohne weiteres in dem Zeitpunkt, in welchem die Voraussetzung weggefallen ist oder ihr seither unbemerktes Fehlen bekannt wird. Es bedarf vielmehr des ausdrücklichen Ausspruchs der Enthebung, die von dem Ehrengerichtsvorsitzenden vorzunehmen ist. Dieser hat vor seiner Entscheidung, die endgültig ist, den Beisitzer zu hören (§ 65 Abs. 3 der 1. HandwAufbVO.).

In der gleichen Weise findet ein förmliches Amtsenthebungsverfahren statt, wenn ein Beisitzer die ihm obliegende Amtspflicht grob verletzt. In diesem Falle hat der Ehrengerichtshof beim Deutschen Handwerks- und Gewerbekammertag die Amtsenthebung auszusprechen, nachdem er den Vorsitzenden und den angeschuldigten Beisitzer des Ehrengerichts gehört hat. Die Entscheidung des Ehrengerichtshofs ist endgültig (§ 68 der 1. HandwAufbVO.).

Die Vorschriften der StPO. über die Ausschließung und Ablehnung der Gerichtspersonen gelten entsprechend für die Beisitzer des Ehrengerichts. Über die Ablehnung des Beisitzers des Ehrengerichts entscheidet dessen Vorsitzender.

---

[1]) vom 13. Oktober 1933 (RGBl. I S. 723).

§ 27. Beisitzer (Beisitzer am Ehrengerichtshof beim Deutschen Handwerks- und Gewerbekammertag)

Die Beisitzer des Ehrengerichtshofs beim Deutschen Handwerks- und Gewerbekammertag sind nur zum Teil Laien. An den Entscheidungen des Ehrengerichtshofs wirken nämlich neben den drei nicht richterlichen Beisitzern noch ein richterlicher Beisitzer, insgesamt also deren vier, mit.

Die drei nicht richterlichen Beisitzer des Ehrengerichtshofs werden ebenso wie die Beisitzer der Ehrengerichte von dem Reichswirtschaftsminister oder der von ihm bestimmten Stelle auf die Dauer von drei Jahren berufen. Das im Vorstehenden über die Voraussetzungen der Bestellbarkeit zum Beisitzer und über die Ausübung und die Beendigung des Amtes des Beisitzers des Ehrengerichts Gesagte gilt daher im allgemeinen auch für die Beisitzer des Ehrengerichtshofs. Hierbei ergeben sich jedoch zwei Besonderheiten:

1. Die Entschädigung der Beisitzer für Verdienstausfall und Aufwand bestimmt sich nach den für die nichtrichterlichen Beisitzer des Reichsarbeitsgerichts geltenden Vorschriften der erwähnten „Verordnung über die Entschädigung der Arbeitgeber- und Arbeitnehmerbeisitzer der Arbeitsgerichtsbehörden“.
2. Die Amtsenthebung eines Beisitzers wegen Amtspflichtverletzung erfolgt durch den vollbesetzten Ehrengerichtshof, wobei natürlich dessen Vorsitzender sowohl als auch der beschuldigte Beisitzer nicht an der Entscheidung teilnehmen dürfen. Als Vorsitzender wirkt der Stellvertreter des von der Entscheidung ausgeschlossenen Vorsitzenden mit. Dieser ist ebenso wie der beschuldigte Beisitzer vor der Entscheidung zu hören.

Der als Beisitzer mitwirkende Richter wird von dem Reichsminister der Justiz im Einvernehmen mit dem Reichswirtschaftsminister auf die Dauer von drei Jahren bestellt. Das Amt des Beisitzers kann ihm vor Ablauf dieser Zeit nicht gegen seinen Willen genommen werden, es sei denn auf Grund eines Disziplinarurteils, das nur im Wege eines förmlichen Disziplinarverfahrens nach Maßgabe der für die Richter einschlägigen Vorschriften ergehen kann. Der richterliche Beisitzer erhält keine Entschädigung, sondern das für ihn zuständige Diensteinkommen.

§ 28. Geschäftsstelle

Zur Erledigung der mit der Durchführung der handwerklichen Ehrengerichtsbarkeit verbundenen Geschäfte dient die Geschäftsstelle des Ehrengerichts. Diese ist indessen keine eigene dem Ehrengericht angegliederte Sondereinrichtung, vielmehr sind die schon bestehenden Geschäftsstellen der Handwerkerorganisationen zugleich die Geschäftsstellen des Ehrengerichts, deren Aufgaben sie wahrzunehmen haben. So werden die Aufgaben der Geschäftsstelle des Ehrengerichts von der Geschäftsstelle der Handwerkskammer, die Aufgaben der Geschäftsstelle des Ehrengerichtshofs von der Geschäftsstelle des Deutschen Handwerks- und Gewerbekammertag erledigt.

Die auf Grund des § 153 GVG. errichtete Geschäftsstelle ist mit der erforderlichen Anzahl von Urkundsbeamten besetzt. Sie übt selbständige staatliche Dienstverrichtungen aus und steht damit dem Ehrengericht als der Rechtsprechungsbehörde wie ein Dritter gegenüber. Da die Ehrengerichte Gerichte des Reiches sind, so hat dieses die näheren Bestimmungen über die Einrichtung der Geschäftsstelle sowie über die Organisation des Geschäftsbetriebes zu treffen. Derartige Vorschriften sind indessen bisher nirgends erlassen worden.

§ 29. Urkundsbeamter der Geschäftsstelle

An den Sitzungen des Ehrengerichts nimmt ein Urkundsbeamter der Geschäftsstelle teil. Dieser hat insbesondere das Verhandlungsprotokoll zu führen und die ergehenden Entscheidungen auszufertigen.

Der Geschäftskreis des Urkundsbeamten ergibt sich, soweit er verfahrensrechtliche Bedeutung hat, aus den einschlägigen Bestimmungen der StPO. und des GVG. Er umfaßt neben den bereits genannten Tätigkeiten vor allem auch die Aufnahme von Erklärungen der an dem Ehrengerichtsverfahren Beteiligten außerhalb der gerichtlichen Verhandlungen zur Niederschrift der Geschäftsstelle.

§ 30. Der Vorsitzende der Handwerkskammer als Anklagebehörde

Der Vorsitzende der Handwerkskammer hat nach Maßgabe der gesetzlichen Bestimmungen bei der Durchführung der handwerklichen Ehrengerichtsbarkeit mitzuwirken. Er nimmt innerhalb des handwerklichen Ehrengerichtsverfahrens etwa die gleiche Stellung ein, die im öffentlichen Strafverfahren die Staatsanwaltschaft inne hat. Damit sind seine wesentlichsten Aufgaben im Strafverfahren grundsätzlich gekennzeichnet: er erhebt nach Klärung des Sachverhalts die Anklage gegen den Verletzer der handwerklichen Ehre, vertritt als Anklagebehörde die Anklage in der Sitzung des Ehrengerichts und vollstreckt das Urteil.

V. Abschnitt

Der Gang des handwerklichen Ehrengerichtsverfahrens

§ 31. Allgemeines

Das handwerkliche Ehrengerichtsverfahren lehnt sich in verfahrensrechtlicher Hinsicht auf das engste an das öffentliche Strafverfahren an. Dementsprechend gelten die für dieses Verfahren maßgebenden Verfahrensbestimmungen im allgemeinen auch für das Ehrengerichtsverfahren, es sei denn, daß die 1. HandwAufbVO. unmittelbar abweichende Vorschriften trifft oder daß sich solche Abweichungen aus der besonderen Natur des ehrengerichtlichen Verfahrens ergeben. Nach § 72 der 1. HandwAufbVO. sollen zwar auf das ehrengerichtliche Verfahren — vorbehaltlich der einschlägigen Bestimmungen der genannten Verordnung — lediglich die Vorschriften über das Schöffengerichtsverfahren sowie gewisse Bestimmungen des Gerichtsverfassungsgesetzes entsprechende Anwendung finden; man wird indessen darüber hinaus mit Rücksicht auf die Tatsache, daß das ehrengerichtliche Verfahren dem Strafprozeß auf das engste angeglichen ist, annehmen dürfen, daß die für das öffentliche Strafverfahren geltenden Bestimmungen allgemein für das Verfahren vor den handwerklichen Ehrengerichten Gültigkeit haben soweit nicht eine der vorbezeichneten Ausnahmen Platz greift.

Eine der wesentlichsten Abweichungen ergibt sich aus der Vorschrift des § 72 S. 2 der 1. HandwAufbVO., wonach die Staatsanwaltschaft im Ehrengerichtsverfahren nicht mitwirkt; an ihre Stelle tritt der Vorsitzende der Handwerkskammer, der nach Maßgabe der Bestimmungen der 1. HandwAufbVO. und der diese ergänzenden strafprozessualen Vorschriften die Aufgaben zu erfüllen hat, die sonst der Staatsanwaltschaft obliegen. Weitere wichtige verfahrensrechtliche Abweichungen ergeben sich sodann aus der in den §§ 73 und 74 der 1. HandwAufbVO. normierten Unzulässigkeit der gerichtlichen Voruntersuchung, der Verhaftung und vorläufigen Festnahme des Beschuldigten, der Beschlagnahme und der Durchsuchung.

§ 32. Die Vorbereitung des Verfahrens durch den Innungsobermeister als Ermittlungsbehörde

Die erste Vorbereitung des handwerklichen Ehrengerichtsverfahrens liegt in den Händen des Obermeisters der Innung, dem die Pflicht obliegt, bei der Ermittlung der innerhalb seiner Innung vorkommenden Ehrwidrigkeiten mitzuwirken und eine Klärung des ehrwidrigen Tatbestandes herbeizuführen. Dementsprechend ist dafür Sorge zu tragen, daß alle Anzeigen über handwerkliche Ehrverletzungen, die bei anderen, zur Annahme von Anzeigen nicht zuständigen Behörden schriftlich oder in Verkennung ihrer Zuständigkeit zur Niederschrift der betreffenden Behörde mündlich erstattet werden, dem Innungsobermeister zur Ermittlung des Sachverhalts zugeleitet werden. Werden also Anzeigen über handwerkliche Ehrwidrigkeiten bei den zur Entgegennahme von Anträgen auf Verfolgung von Ehrverletzungen nicht befugten Polizei- oder sonstigen Verwaltungs- oder Gerichtsbehörden erstattet, insbesondere diesen schriftlich übersandt, so sind sie zunächst unverzüglich dem Vorsitzenden der Handwerkskammer zuzuleiten, der sie seinerseits dem zuständigen Innungsobermeister zur Anstellung der erforderlichen Ermittlungen weiterzuleiten hat. Das gleiche gilt für Verfolgungsanträge, die bei den zur Entgegennahme solcher Anträge ebenfalls nicht berechtigten handwerklichen Ehrengerichten und ihren Geschäftsstellen gestellt werden oder ihnen schriftlich zugehen. Auch diese Anzeigen sind zunächst an den Handwerkskammervorsitzenden weiterzugeben, der sie dem zuständigen Innungsobermeister zur weiteren Behandlung zuzuleiten hat. Schließlich hat der Vorsitzende der Handwerkskammer auch die Anträge, die der Handwerkskammer oder ihm selbst zugehen, dem zuständigen Innungsobermeister zur Ermittlung des Tatbestandes weiterzuleiten.

Sobald der Obermeister der Innung durch die ihm unmittelbar zugehenden oder die ihm zugeleiteten Anzeigen dritter Personen, durch seine amtliche Tätigkeit oder sonstwie erfährt, daß sich ein Mitglied der von ihm geleiteten Innung eine handwerkliche Ehrwidrigkeit hat zuschulden kommen lassen, so hat er von Amts wegen einzugreifen und den Sachverhalt zu klären (§ 78 Abs. 1 der 1. HandwAufbVO.). Hierbei hat er den Beschuldigten, den etwaigen Anzeiger sowie alle sonstigen Personen, die über den Tatbestand Auskunft geben können, zu hören.

Stellt sich nun bei dieser Prüfung des Sachverhalts heraus, daß eine handwerkliche Ehrwidrigkeit offensichtlich nicht vorliegt, so läßt der Obermeister der Innung die Sache auf sich beruhen. Ergibt dagegen die Prüfung, daß der Verdacht nicht von der Hand zu weisen ist, der Beschuldigte habe die Standesehre verletzt oder einen Verstoß gegen den Gemeingeist begangen, so hat er dem Vorsitzenden der Handwerkskammer eine förmliche Anzeige zu erstatten und in dieser die der Überführung des Ehrbrechers dienenden Beweismittel anzugeben. Damit ist dann seine Tätigkeit abgeschlossen. Die weitere Bearbeitung der Sache liegt nun dem Vorsitzenden der Handwerkskammer ob.

§ 33. Die Vorbereitung des Verfahrens durch den Vorsitzenden der Handwerkskammer als Anklagebehörde

Der Vorsitzende der Handwerkskammer hat alle ihm von den Obermeistern der angeschlossenen Innungen zugeleiteten Anzeigen über handwerkliche Ehrwidrigkeiten von Amts wegen weiter zu verfolgen. Erscheint ihm der der Anzeige zugrundeliegende Sachverhalt noch nicht genügend geklärt, so hat er ihn noch weiter zu erforschen, ohne sich hierbei einer gerichtlichen Voruntersuchung bedienen zu können. Er kann indessen selbst Zeugen und Sachverständige vernehmen oder wenn sie zur Vernehmung nicht erscheinen, im Wege der Rechtshilfe gerichtlich vernehmen lassen. Weiterhin kann er auch den Beschuldigten selbst nochmals über die Sache hören.

Sobald der Sachverhalt genügend geklärt ist, muß sich der Vorsitzende der Handwerkskammer auf Grund der von dem Innungsobermeister und gegebenenfalls auch noch von ihm selbst angestellten Ermittlungen nach freiem, pflichtgemäßem Ermessen darüber schlüssig werden, ob er die Einleitung des ehrengerichtlichen Verfahrens beantragen will. Er hat hierbei zu prüfen, ob nach dem ihm vorliegenden Sachverhalt die Strafverfolgung überhaupt Aussicht auf Erfolg bietet.

Kommt er hierbei zu der Überzeugung, daß ein Anlaß zu einem ehrengerichtlichen Einschreiten gegen den Beschuldigten nicht gegeben ist, so stellt er das Verfahren ein. Da dem Einstellungsbeschluß keine Rechtskraft zukommt, kann der Vorsitzende der Handwerkskammer das eingestellte Verfahren jederzeit wieder aufnehmen. Ist das Ermittlungsverfahren durch die Anzeige eines Dritten in Gang gesetzt worden, so wird der Handwerkskammervorsitzende den Anzeiger zweckmäßigerweise von dem Verzicht auf die Anrufung des Ehrengerichts benachrichtigen. In der gleichen Weise wird er auch den Beschuldigten selbst von seiner Entschließung in Kenntnis setzen.

Gegen die Einstellungsverfügung des Vorsitzenden der Handwerkskammer ist ebenso wie gegen die Rücknahme eines bereits bei dem Ehrengericht gestellten Antrages auf Einleitung des ehrengerichtlichen Verfahrens nur die Beschwerde an den Reichshandwerksführer zulässig. Dieser kann den Vorsitzenden der Handwerkskammer anweisen, das Verfahren wieder aufzunehmen und fortzusetzen.

Gelangt der Handwerkskammervorsitzende auf Grund des Ermittlungsergebnisses zu der Überzeugung, daß eine ehrengerichtliche Verfolgung des Beschuldigten Erfolg verspricht, so hat er beim Ehrengericht die Einleitung des Verfahrens zu beantragen.

§ 34. Einleitung des Verfahrens

Bei der Ahndung von handwerklichen Ehrwidrigkeiten werden die handwerklichen Ehrengerichte ausschließlich auf Antrag des Vorsitzenden der Handwerkskammer tätig. Dieser besitzt also ähnlich wie im öffentlichen Strafverfahren die Staatsanwaltschaft die alleinige Anklagebefugnis (Anklagemonopol).

Der Antrag des Vorsitzenden der Handwerkskammer, gegen den von ihm Beschuldigten das ehrengerichtliche Verfahren einzuleiten, ist schriftlich an das Ehrengericht zu richten; das Ergebnis der angestellten Ermittlungen ist beizufügen (§ 78 Abs. 2 der 1. HandwAufbVO.); ein bestimmter Strafantrag ist dagegen nicht erforderlich. Mit dem Zugang des Antrages ist das Ehrengerichtsverfahren anhängig.

Die Entscheidung über den Antrag liegt dem Vorsitzenden des Ehrengerichts ob. Dieser hat vor seiner Entscheidung etwa zur Klärung des Sachverhalts noch notwendige weitere Ermittlungen selbst vorzunehmen oder anzuordnen (§ 79 Abs. 1 der 1. HandwAufbVO.). Er kann also nicht kurzerhand dem Vorsitzenden der Handwerkskammer die Sache zur Vervollständigung der Ermittlungen zurückgeben. Im Zuge der etwaigen weiteren Ermittlungen durch den Ehrengerichtsvorsitzenden erfolgt die Vernehmung von Zeugen und Sachverständigen in der Regel noch uneidlich, da dieser Verfahrensabschnitt noch als Vorverfahren gilt.

Kommt der Vorsitzende des Ehrengerichts nach sorgfältiger Prüfung des Antrages nebst des ihm beigefügten Ermittlungsergebnisses und nach Durchführung der etwaigen von ihm selbst veranlaßten weiteren Ermittlungen zu dem Ergebnis, daß der Sachverhalt zur Verurteilung nicht ausreicht, insbesondere daß nach diesem Sachverhalt das Nichtvorliegen einer Verletzung der handwerklichen Ehre als erwiesen anzusehen ist oder daß aus sonstigen Gründen eine Bestrafung nicht erfolgen kann, so hat er den Antrag des Handwerkskammervorsitzenden durch Beschluß je nachdem als unzulässig oder als unbegründet zurückzuweisen (§ 79 Abs. 2 der 1. HandwAufbVO.). Der Beschluß ist zuzustellen.

Wird der Antrag des Vorsitzenden der Handwerkskammer zurückgewiesen, so kann dieser binnen zweier Wochen nach der Zustellung des die Zurückweisung aussprechenden Beschlusses Hauptverhandlung vor dem Ehrengericht verlangen (§ 79 Abs. 2 der 1. HandwAufbVO.). Der Zurückweisungsbeschluß führt also nur dann zur Einstellung des

Verfahrens, wenn der Handwerkskammervorsitzende sich bei ihm beruhigt. Da der Beschluß eine der Rechtskraft fähige Sachentscheidung enthält, so kann auch nicht auf Grund neuer Tatsachen oder Beweismittel ein neuer Antrag auf Einleitung des ehrengerichtlichen Verfahrens gestellt werden. Der Zurückweisungsbeschluß braucht nicht mit Gründen versehen zu sein, wenigstens ist dies im Gesetz nicht vorgeschrieben; es empfiehlt sich jedoch, dies zu tun und zugleich den Vorsitzenden der Handwerkskammer darauf hinzuweisen, daß der Beschluß des Ehrengerichtsvorsitzenden rechtskräftig wird, wenn nicht rechtzeitig Antrag auf Hauptverhandlung vor dem Ehrengericht gestellt wird.

Wird dieser Antrag rechtzeitig gestellt, so ist die Hauptverhandlung alsbald anzuberaumen. Der Vorsitzende der Handwerkskammer und der Angeklagte sind zur Hauptverhandlung zu laden und zwar der Angeklagte unter Angabe der ihm zur Last gelegten Pflichtverletzung und der Beweismittel. Im übrigen ist das Verfahren vor und in der Hauptverhandlung das gleiche, wie bei einer nach ordnungsmäßiger Einleitung des Ehrengerichtsverfahrens erfolgenden Hauptverhandlung.

Anders gestaltet sich das Verfahren, wenn der Vorsitzende des Ehrengerichts den Antrag des Handwerkskammervorsitzenden auf Einleitung des Ehrengerichtsverfahrens, wenn auch etwa erst nach Vornahme weiterer Ermittlungen für begründet erachtet. In diesem Falle muß er sofort zur mündlichen Hauptverhandlung vor dem Ehrengericht schreiten, sofern er es nicht vorzieht, im Rahmen der noch zu erörternden Einschränkungen des § 80 Abs. 1 S. 1 der 1. HandwAufbVO. ohne mündliche Hauptverhandlung selbst zu entscheiden.

§ 35. **Verfahren ohne mündliche Hauptverhandlung.**

Der Vorsitzende des Ehrengerichts darf nach der zwingenden Bestimmung des § 80 Abs. 1 der 1. HandwAufbVO. allein nur entscheiden, wenn er auf Warnung, Verweis oder Ordnungsstrafe in Geld bis zu RM. 100,— erkennt. Das Gesetz räumt hier indessen dem Vorsitzenden keine zwingende Entscheidungsbefugnis in dem Sinne ein, daß er als Einzelrichter entscheiden muß, wenn er auf eine der genannten Strafen erkennt, es steht vielmehr in seinem Belieben, ob er bei der Verhängung einer der bezeichneten Strafen allein entscheiden will oder nicht. Macht er von der Befugnis Gebrauch, so findet eine mündliche Hauptverhandlung nicht statt, dem Beschuldigten muß indessen vor der Entscheidung durch den Vorsitzenden als Einzelrichter Gelegenheit gegeben werden, sich zu dem Antrag des Vorsitzenden der Handwerkskammer zu äußern (§ 80 Abs. 1 S. 2 der 1. HandwAufbVO.). Zu diesem Zwecke wird ihm der Vorsitzende zweckmäßigerweise eine feste Frist setzen, nach deren Ablauf er entscheidet, auch wenn der Beschuldigte sich innerhalb der Frist nicht geäußert hat. Bis zum Erlaß der Entscheidung durch den Vorsitzenden des Ehrengerichts kann der Handwerkskammervorsitzende den Antrag auf Einleitung des Ehrengerichtsverfahrens zurücknehmen (§ 78 Abs. 2 S. 3 der 1. HandwAufbVO.), ohne daß es der Einwilligung des Beschuldigten bedarf; die Rücknahme führt zur Einstellung des ehrengerichtlichen Verfahrens.

Nachdem der Vorsitzende des Ehrengerichts dem Beschuldigten ausreichende Gelegenheit zur Stellungnahme gegeben hat, entscheidet jener auf Grund des ihm bis dahin unterbreiteten Sachverhalts im schriftlichen Verfahren, also auf Grund des ihm von dem Vorsitzenden der Handwerkskammer mitgeteilten Ermittlungsergebnisses sowie auf Grund der etwaigen Stellungnahme des Angeschuldigten oder etwaiger eigener weiterer Ermittlungen. Hat wegen der dem Beschuldigten zur Last gelegten Handlungen bereits ein öffentliches Strafverfahren oder ein soziales Ehrengerichtsverfahren geschwebt, die mit der Freisprechung des Angeklagten geendet haben, so sind nach den Bestimmungen der §§ 76 und 77 der 1. HandwAufbVO. auch die in diesen Verfahren festgestellten Tatsachen der Entscheidung des Ehrengerichtsvorsitzenden ohne weiteres zugrunde zu legen.

Kommt der Vorsitzende des Ehrengerichts, nachdem er die im schriftlichen Verfahren zu erlassende Entscheidung vorbereitet, insbesondere auch den Beschuldigten zur Sache gehört hat, zu der Überzeugung, daß doch eine härtere als die im schriftlichen Verfahren zugelassenen Ehrenstrafen am Platze sei, so kann er diese Strafe nicht durch den Strafbescheid verhängen, sondern muß mündliche Hauptverhandlung vor dem Ehrengericht anberaumen, das alsdann zu entscheiden hat. Gelangt dagegen der Vorsitzende bei der Vorbereitung der beabsichtigten schriftlichen Entscheidung infolge der Stellungnahme des Angeklagten oder infolge der eigenen Ermittlungen zu der Überzeugung, daß jenem doch kein Verschulden zur Last gelegt werden kann, so hat er gemäß § 79 Abs. 2 der 1. HandwAufbVO. zu verfahren und nachträglich den Antrag des Handwerkskammervorsitzenden auf Einleitung des Ehrengerichtsverfahrens als unbegründet zurückzuweisen.

Erlangt er die Überzeugung, daß der ehrwidrige Tatbestand zur Aburteilung im schriftlichen Verfahren geeignet sei, so erläßt er den entsprechenden Strafbescheid durch Beschluß. Dieser kann, da er unabhängig von einem Strafantrag der Anklagebehörde erlassen wird und daher auch von ihr angefochten werden kann, nicht dem Strafbefehl des ordentlichen Strafverfahrens gleichgestellt werden. Er braucht keine Begründung, sondern nach der Vorschrift des § 80 Abs. 3 der 1. HandwAufbVO. neben der Strafe nur die dem Beschuldigten zur Last gelegte Ehrverletzung und die Beweismittel sowie die

Rechtsmittelbelehrung an den Vorsitzenden der Handwerkskammer und den Beschuldigten zu enthalten. Die letztere ist nach der genannten Bestimmung dahin zu fassen, daß der Strafbescheid vollstreckbar wird, wenn nicht rechtzeitig und in der vorgeschriebenen Form Einspruch erhoben wird.

Der Strafbescheid ist sowohl dem Vorsitzenden der Handwerkskammer als auch dem Beschuldigten zuzustellen. Binnen zwei Wochen nach der Zustellung des Strafbescheids können die Genannten gegen denselben schriftlich oder zur Niederschrift der Geschäftsstelle des Ehrengerichts Einspruch einlegen (§ 80 Abs. 2 S. 1 der 1. HandwAufbVO.). Dieser braucht nicht begründet zu werden.

Ist der Einspruch rechtzeitig und formgerecht eingelegt worden, so hat der Vorsitzende des Ehrengerichts Termin zur mündlichen Hauptverhandlung anzuberaumen. Bis zu deren Beginn kann der Einspruch zurückgenommen werden. Die Rücknahme erfolgt entweder schriftlich oder zur Niederschrift der Geschäftsstelle oder durch eine vor dem Eintritt in die Hauptverhandlung dem Ehrengericht gegenüber abzugebende mündliche Erklärung.

Die mündliche Hauptverhandlung erfolgt vor dem vollbesetzten Ehrengericht. Damit ist das bisherige schriftliche Verfahren zu einem mündlichen geworden, auf das auch die Vorschriften über das Verfahren auf Grund mündlicher Hauptverhandlung in vollem Umfang Anwendung finden. Zur mündlichen Hauptverhandlung sind der Vorsitzende der Handwerkskammer und der Angeklagte zu laden.

Ergibt die mündliche Hauptverhandlung, daß die dem Angeklagten zur Last gelegte Verletzung der handwerklichen Ehre schärfer als durch die im Strafbescheid verhängte Ehrenstrafe zu ahnden ist, so kann ohne weiteres auf eine höhere Strafe erkannt werden, und zwar nicht nur dann, wenn der Einspruch von dem Handwerkskammervorsitzenden, sondern auch dann, wenn er von dem Angeklagten selbst eingelegt worden ist.

Ist das letztere der Fall, so kann der Angeklagte gegen das auf den Einspruch ergehende Urteil, sofern es ebenfalls wieder auf Warnung, Verweis oder Ordnungsstrafe in Geld bis zu hundert Reichsmark lautet, keine Berufung mehr einlegen (§ 89 Abs. 3 der 1. HandwAufbVO.). Lautet das Urteil auf eine höhere als eine der genannten Strafen, also auf eine höhere Geldstrafe als hundert Reichsmark, auf die Entziehung der Befugnis, Innungswart zu sein, Lehrlinge zu halten oder anzuleiten oder den Meistertitel zu führen, oder auf die Veröffentlichung des Urteils, so steht auch dem Angeklagten das Recht der Berufung zu. Anders ist dagegen die Rechtslage, wenn der Vorsitzende der Handwerkskammer gegen den Strafbescheid Einspruch eingelegt und daraufhin das Ehrengericht die im Strafbescheid ausgesprochene Strafe erhöht hat. In diesem Falle kann der Handwerkskammervorsitzende wie sonst auch das Urteil stets anfechten.

§ 36. Verfahren auf Grund mündlicher Hauptverhandlung (die an der Hauptverhandlung Beteiligten)

Das Ehrengericht entscheidet in der Regel auf Grund des Ergebnisses einer mündlichen Hauptverhandlung. Diese findet insbesondere auch dann statt, wenn sie der Vorsitzende der Handwerkskammer nach Zurückweisung seines Antrages auf Einleitung des Ehrengerichtsverfahrens beantragt oder wenn gegen einen im schriftlichen Verfahren ergangenen Strafbescheid des Ehrengerichtsvorsitzenden Einspruch eingelegt ist.

Der Angeklagte ist zur mündlichen Hauptverhandlung zu laden. Die Ladung erfolgt auf Veranlassung des Vorsitzenden des Ehrengerichts von Amts wegen nach näherer Maßgabe der §§ 208 bis 213 ZPO. Die öffentliche Ladung des Angeklagten ist indessen nach § 75 S. 2 der 1. HandwAufbVO. nicht zulässig. Zwischen der Zustellung der Ladung und dem Tage der Hauptverhandlung muß eine Frist von mindestens einer Woche liegen.

Der Angeklagte braucht zur Hauptverhandlung nicht zu erscheinen. Er darf infolgedessen auch nicht zum Erscheinen gezwungen werden, insbesondere auch nicht zwangsweise vorgeführt werden (§ 74 der 1. HandwAufbVO.). Erscheint er trotz ordnungsgemäßer Ladung nicht und wird er auch nicht durch einen Verteidiger vertreten, so wird in seiner Abwesenheit verhandelt. Selbst wenn das Ehrengericht (nicht der Vorsitzende allein) das persönliche Erscheinen des Angeklagten ausdrücklich angeordnet hat, braucht dieser der Anordnung keine Folge zu leisten. Das Ehrengericht hat in diesem Falle nur die Möglichkeit, den etwa an Stelle des Angeklagten erschienenen Verteidiger zurückzuweisen. Hierauf muß der Angeklagte, dessen persönliches Erscheinen angeordnet ist, ebenso wie auf die Befugnis des Ehrengerichts, in Abwesenheit des Angeklagten zu entscheiden, in der Ladung besonders hingewiesen werden.

Der Angeklagte kann nach § 138 StPO mit seiner Verteidigung in der Regel nur einen bei einem deutschen Gericht [1]) zugelassenen Rechtsanwalt oder einen Rechtslehrer einer deutschen Hochschule beauftragen. Andere Personen kann der Angeklagte nur mit Genehmigung des

[1]) jedoch mit Ausnahme des Reichsgerichts (§ 100 Abs. 2 der Rechtsanwaltsordnung). Vgl. hierzu Oppermann, JW. 1934 S. 1008.

Ehrengerichts zu seinem Verteidiger wählen. Der Verteidiger muß mit einer schriftlichen Vollmacht des Angeklagten versehen sein (§ 83 Abs. 1 der 1. HandwAufbVO.). Hat dieser zu seinem Verteidiger einen nichtarischen, bei einem deutschen Gericht aber zugelassenen Anwalt gewählt, so ist dieser als Verteidiger zuzulassen, insbesondere wenn der Angeklagte Nichtarier ist. Ist der Angeklagte selbst Arier, so hat das Ehrengericht keine Möglichkeit, den nichtarischen Anwalt zurückzuweisen, es wird aber aus der Tatsache, daß der Angeklagte einen Nichtvolksgenossen mit seiner Verteidigung betraut hat, die entsprechenden Schlüsse auf seine Einstellung gegenüber der Volksgemeinschaft zu ziehen wissen.

Beauftragt der Angeklagte niemanden mit seiner Vertretung, so kann ihm der Vorsitzende des Ehrengerichts einen Verteidiger von Amts wegen bestellen (§ 83 Abs. 2 der 1. HandwAufbVO.). Nach der hier entsprechend anzuwendenden Vorschrift des § 144 StPO. können von Amts wegen aber nur bestellt werden die am Sitze des Ehrengerichts wohnhaften Rechtsanwälte sowie Justizbeamte, welche nicht als Richter angestellt sind, ferner solche Rechtskundige, welche die erste Prüfung für den Justizdienst bestanden haben. Die Bestellung eines Verteidigers durch den Vorsitzenden ist nicht zwingend vorgeschrieben, sondern erfolgt nach freiem Ermessen von Amts wegen, es gibt also im ehrengerichtlichen Verfahren zum Unterschied vom öffentlichen Strafverfahren keine Fälle einer sog. notwendigen Verteidigung, in denen dem Angeklagten ein Verteidiger beigeordnet werden muß.

Nach § 82 der 1. HandwAufbVO. hat der Vorsitzende der Handwerkskammer oder ein von ihm Beauftragter das Recht, der Hauptverhandlung beizuwohnen und Anträge zu stellen. Er ist infolgedessen zur Hauptverhandlung zu laden. Nimmt er an der Verhandlung nicht teil und läßt er sich auch nicht durch einen Beauftragten vertreten, so kann er seine Anträge schriftlich stellen.

Zeugen, die nach Lage der Sache in der Hauptverhandlung benötigt werden, sind ebenfalls zur Verhandlung zu laden. Die Ladung verfügt der Vorsitzende des Ehrengerichts. Das gleiche gilt für Sachverständige.

§ 37. Verfahren auf Grund mündlicher Hauptverhandlung (Gang der Verhandlung)

Da die Vorschriften der StPO über das Verfahren in den zur Zuständigkeit der Schöffengerichte gehörigen Strafsachen nach § 72 der 1. HandwAufbVO. auf die Hauptverhandlung insoweit entsprechende Anwendung finden als sich nicht aus den Bestimmungen der genannten Verordnung Abweichungen ergeben, so ist der Gang der mündlichen

Hauptverhandlung im großen ganzen der gleiche wie der der öffentlichen Strafverhandlung. Der Vorsitzende des Ehrengerichts hat die Hauptverhandlung vorzubereiten, insbesondere die Ladung der Beteiligten einschließlich der Zeugen und Sachverständigen zu veranlassen. Neben den von dem Vorsitzenden der Handwerkskammer in dem Antrag auf Einleitung des ehrengerichtlichen Verfahrens etwa bezeichneten Zeugen und Sachverständigen kann der Vorsitzende des Ehrengerichts sowohl auf besonderen Antrag des Angeklagten oder seines etwaigen Verteidigers als auch von Amts wegen weitere Zeugen und Sachverständige laden lassen. Lehnt er den Antrag des Angeklagten oder seines Verteidigers auf Ladung weiterer Zeugen oder Sachverständiger ab, so können diese ohne Ladung zur Hauptverhandlung gestellt werden.

Die Hauptverhandlung im Ehrengerichtsverfahren ist eine mündliche öffentliche Verhandlung. Der Vorsitzende des Ehrengerichts kann indessen nach § 81 Abs. 2 S. 3 der 1. HandwAufbVO. die Öffentlichkeit jederzeit ausschließen und zwar auch dann, wenn die im § 172 GVG. bezeichneten Ausschließungsgründe nicht vorliegen.

Die Aufrechterhaltung der Ordnung in der Hauptverhandlung obliegt dem Vorsitzenden des Ehrengerichts (§ 176 GVG.). Die Vorschriften der §§ 177 bis 182 GVG. über die sitzungspolizeilichen Befugnisse des Vorsitzenden und des Gerichts finden entsprechende Anwendung. Über die im § 181 GVG. zugelassene Beschwerde gegen die von dem Ehrengericht verhängten Ordnungsstrafen wegen Ungebühr in der Sitzung entscheidet nach § 88 der 1. HandwAufbVO. der Vorsitzende des Ehrengerichtshofs beim Deutschen Handwerks- und Gewerbekammertag endgültig.

Ist eine der an der Hauptverhandlung beteiligten Personen der deutschen Sprache nicht fähig oder taub, so ist nach näherer Maßgabe der §§ 185 bis 191 GVG. ein Dolmetscher zuzuziehen.

Die Hauptverhandlung beginnt mit dem Aufruf der geladenen Zeugen und Sachverständigen (§ 243 Abs. 1 StPO.). Hieran schließt sich die Vernehmung des Angeklagten. Nach dieser folgt die eigentliche Beweisaufnahme, deren Umfang das Ehrengericht nach freiem Ermessen bestimmt, ohne hierbei durch Anträge, Verzichte oder frühere Beschlüsse gebunden zu sein (§ 85 der 1. HandwAufbVO.). In der Beweisaufnahme sind sowohl auf besonderen Antrag des Vorsitzenden der Handwerkskammer oder des Angeklagten als auch von Amts wegen Zeugen und Sachverständige zu vernehmen. Diese haben zur Hauptverhandlung zu erscheinen und — vorbehaltlich der Ausnahmen des Gesetzes — auszusagen und ihre Aussage zu beeidigen. Die Zeugenpflicht kann durch Anordnung der Vorführung, Verhängung der Zwangshaft oder Verurteilung zu Ordnungsstrafen nicht erzwungen werden, da die entsprechenden Vorschriften der §§ 51, 70 und 77 StPO. durch § 74 der 1. HandwAufbVO. ausgeschaltet sind.

Die Vernehmung von Zeugen und Sachverständigen braucht nach § 86 der 1. HandwAufbVO. nicht vor dem Ehrengericht selbst zu erfolgen, sondern kann dem Vorsitzenden oder einem ersuchten Richter überlassen werden. Damit ist der im Strafprozeß geltende Grundsatz der Unmittelbarkeit der Beweisaufnahme erheblich durchbrochen. Die Aussage des nicht in der Hauptverhandlung selbst vernommenen Zeugen oder Sachverständigen ist zu verlesen, sofern der Vorsitzende der Handwerkskammer oder der Angeklagte es beantragen oder das Ehrengericht es für erforderlich erachtet (§ 87 der 1. HandwAufbVO.).

Über die in- oder außerhalb der Hauptverhandlung erfolgte Vernehmung von Zeugen und Sachverständigen hinaus kann das Ehrengericht weitere Ermittlungen beschließen und die Herbeischaffung anderer Beweismittel anordnen. Die daraufhin neu anzustellenden Ermittlungen kann das Ehrengericht entweder selbst vornehmen oder sie dem Vorsitzenden oder einem ersuchten Amtsrichter im Wege der Rechtshilfe überlassen.

Die Hauptverhandlung kann zum Zwecke der weiteren Aufklärung des Sachverhalts unterbrochen werden. Die unterbrochene Verhandlung muß nach der entsprechend anzuwendenden Vorschrift des § 229 StPO. spätestens am vierten Tage nach der Unterbrechung fortgesetzt werden, widrigenfalls mit dem Verfahren von neuem zu beginnen ist.

Soweit wegen der dem Angeklagten zur Last gelegten Handlungen bereits ein öffentliches Strafverfahren oder ein soziales Ehrengerichtsverfahren geschwebt haben, bedarf es keiner oder doch wenigstens nur einer beschränkten Beweisaufnahme, da in diesem Falle die in dem genannten Verfahren festgestellten Tatsachen ohne weiteres der Entscheidung des Ehrengerichts zugrunde zu legen sind, wobei dieses an die Feststellungen gebunden ist (§§ 76 und 77 der 1. HandwAufbVO.).

Nach dem Schlusse der Beweisaufnahme erhalten der Handwerkskammervorsitzende und der Angeklagte, soweit sie anwesend sind, das Wort zu ihren Ausführungen und Anträgen. Dem Angeklagten gebührt hierbei stets das letzte Wort.

Über den Gang der Hauptverhandlung ist eine den Erfordernissen der §§ 272 ff. StPO. entsprechende Verhandlungsniederschrift anzufertigen, in welcher in erster Linie der Verlauf und die Ergebnisse der Verhandlung im wesentlichen wiederzugeben sind. Die Niederschrift ist von dem Urkundsbeamten der Geschäftsstelle zu fertigen, der zu diesem Zweck während der gesamten Dauer der Verhandlung anwesend sein muß. Sie ist von dem Vorsitzenden des Ehrengerichts und von dem Urkundsbeamten zu unterschreiben.

Auf Grund des durch die Beweisaufnahme festgestellten Sachverhalts und unter Würdigung der in einem etwa stattgefundenen Strafverfahren oder sozialen Ehrengerichtsverfahren bindend festgestellten Tatsachen bildet sich das Ehrengericht in geheimer Beratung sein Urteil und entscheidet hierbei über den ihm vorliegenden Sachverhalt nach freiem Ermessen, ohne in irgendeiner Weise an Beweisregeln gebunden zu sein. Die Beratung und die Abstimmung innerhalb der Beratung erfolgt nach Maßgabe der Bestimmungen der §§ 192—198 GVG.

Fehlen wesentliche Prozeßvoraussetzungen, ist also die Ehrverletzung verjährt oder unterliegt der Angeklagte nicht der handwerklichen Ehrengerichtsbarkeit oder nimmt der Vorsitzende der Handwerkskammer den Antrag auf Einleitung des ehrengerichtlichen Verfahrens vor der Urteilsverkündung zurück, so ist das Verfahren durch Urteil einzustellen.

Das Urteil des Ehrengerichts ist in gleicher Weise wie ein öffentliches Strafurteil durch Verlesung der Urteilsformel und durch Verlesung der Urteilsgründe oder mündliche Mitteilung ihres wesentlichen Inhalts nach näherer Maßgabe des § 268 StPO. zu verkünden. Bis zur Verkündung kann der Vorsitzende der Handwerkskammer den Antrag auf Einleitung des ehrengerichtlichen Verfahrens zurücknehmen, ohne daß es der Zustimmung des Angeklagten bedarf.

Das Urteil wird wohl nur selten schon vollständig mit den Gründen in die Verhandlungsniederschrift aufgenommen werden. Soweit das nicht geschehen ist, ist es mit den vollständig abgefaßten Gründen binnen einer Woche zu den Akten zu bringen (§ 275 StPO.).

Für den Inhalt der Urteilsgründe ist die Bestimmung des § 267 StPO. maßgebend. Danach müssen die Gründe die für erwiesen erachteten Tatsachen sowie die Strafzumessungsgründe angeben. Wird der Angeklagte freigesprochen, so müssen die Urteilsgründe ergeben, ob der Angeklagte für nicht überführt oder ob und aus welchen Gründen die für erwiesen angenommene Tat für nicht strafbar erachtet worden ist.

Das vollständig abgefaßte Urteil ist auf Veranlassung des Vorsitzenden des Ehrengerichts nach näherer Maßgabe der §§ 208—213 ZPO. sowohl dem Angeklagten als auch dem Vorsitzenden der Handwerkskammer von Amts wegen zuzustellen.

§ 38. Berufungsverfahren

Gegen die Urteile der handwerklichen Ehrengerichte ist das Rechtsmittel der Berufung grundsätzlich zulässig. Nach § 89 Abs. 3 der 1. HandwAufbVO. kann der Vorsitzende der Handwerkskammer in jedem Falle, der Angeklagte dagegen nur dann Berufung einlegen, wenn das Ehrengericht auf eine höhere Geldstrafe als RM. 100.—, auf die Aberkennung der Befähigung zum Innungswart, auf die Entziehung der Befugnis, Lehrlinge zu halten oder anzuleiten, auf die Aberkennung des Meistertitels oder auf die Veröffentlichung des Urteils erkannt hat.

Die Berufung, die aufschiebende Wirkung hat, ist binnen zweier Wochen nach der Zustellung des in vollständiger Form abgefaßten Urteils beim Ehrengericht entweder schriftlich oder zur Niederschrift der Geschäftsstelle einzulegen.

Der zur Entscheidung über die Berufung zuständige Ehrengerichtshof beim Deutschen Handwerks- und Gewerbekammertag hat die Entscheidung des Ehrengerichts in vollem Umfange nachzuprüfen; er ist an dessen Feststellungen nicht gebunden und kann die angefochtene Entscheidung nach freiem Ermessen abändern (§ 91 Abs. 1 der 1. HandwAufbVO.). Das angefochtene Urteil kann nach der entsprechend anzuwendenden Bestimmung des § 331 StPO.[1]) selbst dann, wenn nur der Angeklagte Berufung eingelegt hat, zu seinem Nachteil abgeändert werden.

Da für das Verfahren vor dem Ehrengerichtshof die Bestimmungen über das Verfahren vor dem Ehrengericht und die diese ergänzenden Vorschriften der Strafprozeßordnung über das Verfahren im Berufungsrechtszug maßgebend sind (§ 91 Abs. 2 der 1. HandwAufbVO.), so ist das Verfahren vor dem Ehrengerichtshof im allgemeinen das gleiche wie vor dem Ehrengericht. Die Ausführungen in den beiden vorhergehenden Abschnitten über das Verfahren auf Grund mündlicher Verhandlung gelten daher im wesentlichen auch für das Verfahren im Berufungsrechtszug, wobei aber zu beachten ist, daß an die Stelle des Vorsitzenden der Handwerkskammer der Reichshandwerksführer tritt, der daher statt jenem an den Sitzungen des Ehrengerichtshofs teilnehmen und Anträge stellen darf (§ 91 Abs. 2 in Verbindung mit § 82 der 1. HandwAufbVO.).

Aus der Übereinstimmung der wesentlichsten Grundsätze beider Rechtszüge folgt, daß der Angeklagte auch im Berufungsverfahren nicht vor Gericht zu erscheinen braucht. Das hat zur Folge, daß die Berufung des Angeklagten nicht verworfen werden kann, wenn dieser in der Hauptverhandlung trotz ordnungsmäßiger Ladung nicht erscheint.

Das Urteil des Ehrengerichtshofs ist endgültig und daher mit seinem Erlaß ohne weiteres rechtskräftig.

Ist die Berufung verspätet eingelegt, so hat sie das Ehrengericht als unzulässig zu verwerfen. Der Beschwerdeführer kann dann binnen einer

---

[1]) i. d. Fassung des Gesetzes zur Änderung von Vorschriften des Strafverfahrens und des Gerichtsverfassungsgesetzes vom 28. Juni 1935 (RGBl. I S. 844).

Woche nach Zustellung des die Verwerfung aussprechenden Beschlusses die Entscheidung des Berufungsgerichts anrufen (§ 319 StPO.). Auch der Ehrengerichtshof selbst kann die Berufung als unzulässig verwerfen, wenn er die Bestimmungen über ihre Einlegung nicht für beobachtet ansieht (§ 322 StPO.).

Eine Zurückweisung der Sache an das im ersten Rechtszug tätig gewesene Ehrengericht kommt nicht in Frage, da die eine Revisionsinstanz voraussetzende Vorschrift des § 328 Abs. 2 StPO. nicht anwendbar ist. Dagegen wird aber der Ehrengerichtshof, wenn ein Ehrengericht seine örtliche Zuständigkeit zu Unrecht angenommen hat, die Sache an das zuständige Gericht zu verweisen haben (§ 328 Abs. 3 StPO.).

§ 39. Wiederaufnahmeverfahren

Die Wiederaufnahme eines rechtskräftig abgeschlossenen ehrengerichtlichen Verfahrens ist nur unter den entsprechend geltenden Voraussetzungen der §§ 359 ff. StPO. zulässig, wie überhaupt für das gesamte Wiederaufnahmeverfahren die Vorschriften der StPO. maßgebend sind. Hierbei gelten indessen hinsichtlich der Zulässigkeit der Wiederaufnahme zwei Besonderheiten:

1. Da für die ehrengerichtliche Bestrafung nicht mehrere Strafgesetze, schwerere und mildere, sondern nur eine Strafnorm bestehen, so ist eine Wiederaufnahme des Verfahrens lediglich zu dem Zweck eine andere Strafbemessung herbeizuführen, nicht zulässig, dagegen zur Erzielung eines Freispruchs erlaubt, wobei aber die Einschränkung des § 359 Nr. 5 S. 2 StPO. zu beachten ist.

2. Sind dem Urteil des Ehrengerichts Tatsachen zugrunde gelegt, die in einem strafgerichtlichen Verfahren festgestellt worden sind, so ist die Wiederaufnahme des Ehrengerichtsverfahrens nur zulässig, wenn in dem Strafverfahren eine Wiederaufnahme durchgeführt worden ist und zur Abänderung des früheren Urteils geführt hat (§ 76 Abs. 4 der 1. HandwAufbVO.).

§ 40. Begnadigung

Die ehrengerichtlichen Strafen können im Gnadenwege erlassen oder ermäßigt werden. Das Begnadigungsrecht ist zwar in der 1. HandwAufbVO. nicht erwähnt; seine Zulässigkeit ist jedoch durch den Erlaß des Führers und Reichskanzlers über die Ausübung des Gnadenrechts in der handwerklichen Ehrengerichtsbarkeit [1]) ausdrücklich anerkannt. Das Gnadenrecht beruht auf der von Doerner [2]) für das soziale Ehren-

[1]) vom 24. August 1935 (RGBl. I S. 1119).
[2]) JW. 1934 S. 1221.

gerichtsverfahren zutreffend hervorgehobenen Erwägung, daß die von den Ehrengerichten ausgesprochenen handwerklichen Ehrenstrafen staatliche Disziplinarstrafen sind, die von dem Begnadigungsrecht in gleicher Weise wie öffentliche Strafen erfaßt werden.

Träger des Gnadenrechts ist das Reich. Das Begnadigungsrecht steht nach § 8 Satz 1 des Reichsstatthaltergesetzes vom 30. Januar 1935 [1]) dem Führer und Reichskanzler zu. Dieser übt es jedoch nicht selbst aus, sondern hat es auf Grund der Übertragungsbefugnis des § 8 Satz 2 des Reichsstatthaltergesetzes mit dem Rechte der Weiterübertragung dem Reichswirtschaftsminister im Einvernehmen mit dem Reichsminister der Justiz übertragen [2]).

Wird das Gnadenrecht ausgeübt, so wird die ausgesprochene Strafe hinfällig. Bereits vollstreckte Strafen gelten als nicht verhängt. Daher erwirbt der Verurteilte wieder die Fähigkeit, das Amt eines Beisitzers des Ehrengerichts auszuüben. Ist ihm durch das Urteil des Ehrengerichts die Befähigung aberkannt, Innungswart zu sein, so erlangt er mit der Begnadigung diese Fähigkeit wieder. Das entsprechende gilt für die Ehrenstrafe der Entziehung der Befugnis, Lehrlinge zu halten oder anzuleiten und für die Ehrenstrafe der Aberkennung des Meistertitels.

§ 41. Vollstreckung

Die Vollstreckung ehrengerichtlicher Strafen findet statt aus:

1. rechtskräftigen Urteilen des Ehrengerichts;
2. den Urteilen des Ehrengerichtshofs beim Deutschen Handwerks- und Gewerbekammertag;
3. rechtskräftigen Strafbescheiden des Vorsitzenden des Ehrengerichts.

Sie obliegt ausschließlich dem Vorsitzenden der Handwerkskammer und zwar auch dann, wenn es sich um Urteile des Ehrengerichtshofs handelt.

Hinsichtlich der Vollstreckung der einzelnen Ehrenstrafen gilt folgendes:

1. Die Vollstreckung der auf Warnung lautenden Strafentscheidung liegt an sich dem Vorsitzenden der Handwerkskammer ob. Seinem Ermessen bleibt es nun überlassen, ob er diese Strafe schon mit dem rechtskräftig gewordenen Strafausspruch des Ehrengerichts als vollstreckt ansehen will oder ob er eine förmliche Vollstreckung durch Eröffnung der Warnung an den Verurteilten für notwendig oder zweckmäßig hält.

2. Das über die Vollstreckung der Warnung Gesagte gilt entsprechend für die Vollstreckung des Verweises.

---

[1]) RGBl. I, S. 65.

[2]) So der erwähnte Erlaß, a. a. O.

3. Ordnungsstrafen in Geld werden von dem Handwerkskammervorsitzenden auf Grund einer von dem Vorsitzenden des erkennenden Gerichts erteilten, mit der Bescheinigung der Vollstreckbarkeit versehenen beglaubigten Abschrift der Entscheidungsformel nach den landesrechtlichen Vorschriften über die Beitreibung von Gemeindeabgaben vollstreckt. Die eingehenden Beträge sind an die Kasse der Handwerkskammer abzuführen (§ 94 Abs. 1 der 1. HandwAufbVO.).

Die gleichen Grundsätze gelten für die Beitreibung von Ordnungsstrafen gegen nicht oder verspätet erschienene Zeugen sowie für Ungebührstrafen gegen die am Verfahren Beteiligten. Die hierbei zur Vollstreckung erforderlichen gerichtlichen Entscheidungen werden nach der entsprechend anzuwendenden Vorschrift des § 462 Abs. 1 StPO. ohne mündliche Verhandlung erlassen.

4. Bei der Vollstreckung der Ehrenstrafe der Aberkennung der Befähigung zum Innungswart wird nach der Natur der Sache eine Vollstreckung in technischem Sinne, d. h. eine zwangsweise Durchführung der Strafe nicht in Frage kommen. Der Vorsitzende der Handwerkskammer wird sich vielmehr darauf beschränken müssen, der Innung die Verurteilung mitzuteilen und darum zu ersuchen, daß dem Strafurteil in der Innung nachgekommen wird, also insbesondere die entsprechenden Personaländerungen vorgenommen werden.

5. Auch bei der Vollstreckung der Ehrenstrafe der Entziehung der Befugnis zum Halten oder zum Anleiten von Lehrlingen wird der Vorsitzende der Handwerkskammer das Urteil der Innung mitteilen und diese ersuchen, bei der Durchführung des Urteils behilflich zu sein. Im übrigen hat er aber hier für die Durchführung der personellen Veränderungen selbst zu sorgen und dabei insbesondere darüber zu wachen, daß bei Entziehung der Befugnis zum Halten von Lehrlingen die seither beschäftigten Lehrlinge aus dem Betrieb entfernt werden. Wird dagegen einem Handwerker, der die Meisterprüfung abgelegt hat, lediglich die Befugnis entzogen, Lehrlinge auszubilden, so hat der Handwerkskammervorsitzende dafür zu sorgen, daß der Verurteilte die weitere Ausbildung unterläßt und sie einem zur Ausbildung von Lehrlingen befugten Meister seines Betriebes überträgt.

Die vorstehend dargelegten Grundsätze gelten entsprechend für die Entziehung der Befugnis zum Halten und zur Anleitung von Lehrlingen, wenn die Entziehung im handwerklichen Ehrengerichtsverfahren als Verwaltungsmaßnahme im Sinne des § 126 a GewO. erfolgt ist.

6. Das vorstehend über die Vollstreckung der Entziehung der Befugnis zum Halten und zur Anleitung von Lehrlingen Gesagte gilt sinngemäß für die Vollstreckung der Ehrenstrafe der Aberkennung des Meistertitels, deren rechtliche Wirkungen, wie im § 19 der Abhandlung

ausgeführt wurde, ja vornehmlich auf lehrlingsrechtlichem Gebiet liegen.

7. Die Vollstreckung der Anordnung der Veröffentlichung des Urteils obliegt ebenfalls dem Vorsitzenden der Handwerkskammer. Dieser hat daher die Veröffentlichung unmittelbar zu bewirken und die entstehenden Kosten von dem Verurteilten einzuziehen. Die Kosten werden wie Ordnungsstrafen in Geld nach den landesrechtlichen Vorschriften über die Beitreibung von Gemeindeabgaben beigetrieben.

§ 42. Kosten

Die sächlichen und persönlichen Kosten des Ehrengerichts trägt die Handwerkskammer, die des Ehrengerichtshofs der Deutsche Handwerks- und Gewerbekammertag (§ 71 der 1. HandwAufbVO.).

Soweit durch das einzelne gegen eine bestimmte Person gerichtete Verfahren besondere Kosten entstehen, können diese Kosten als Kosten des Verfahrens ganz oder teilweise dem Verurteilten auferlegt werden (§ 92 Abs. 1 der 1. HandwAufbVO.). Als solche besondere Kosten für die Inanspruchnahme der Ehrengerichte werden nur die im einzelnen Verfahren entstehenden baren Auslagen in Ansatz gebracht (§ 92 Abs. 2 S. 1 der 1. HandwAufbVO.). Ihr Betrag ist von dem Vorsitzenden des Ehrengerichts festzusetzen. Die Festsetzung ist vollstreckbar. Die so festgestellten Kostenbeträge sind wie Ordnungsstrafen in Geld auf Grund einer von dem Ehrengerichtsvorsitzenden erteilten, mit der Bescheinigung der Vollstreckbarkeit versehenen beglaubigten Abschrift des Kostenfestsetzungsbeschlusses nach den landesrechtlichen Vorschriften über die Beitreibung von Gemeindeabgaben beizutreiben (§ 92 Abs. 2 S. 3 der 1. HandwAufbVO.). Die gezahlten oder beigetriebenen Beträge fließen an die Kasse zurück, welche die Barauslagen bestritten hat.

§ 43. Beschwerdeverfahren

Nach der auf das Beschwerdeverfahren entsprechend anzuwendenden Bestimmung des § 304 StPO. ist die Beschwerde überall da ohne weiteres zugelassen, wo das Gesetz Entscheidungen und Verfügungen nicht ausdrücklich dem Beschwerdeweg entzieht. Für die Verhandlung und Entscheidung über das Rechtsmittel der Beschwerde ist der Vorsitzende des Ehrengerichtshofs beim Deutschen Handwerks- und Gewerbekammertag zuständig. Nach § 306 StPO. ist die Beschwerde bei der Stelle, deren Entscheidung angefochten wird (Ehrengericht, Vorsitzender), schriftlich oder zur Niederschrift der Geschäftsstelle anzubringen. Sie kann in dringenden Fällen auch bei dem Beschwerdegericht selbst eingelegt werden. Für die Einlegung besteht in der Regel keine

Frist, es sei denn, daß die StPO. eine sofortige Beschwerde vorsieht, in welchem Falle die einwöchige Beschwerdefrist des § 311 StPO. gilt. Erachten das Gericht oder der Vorsitzende, deren Entscheidung angefochten wird, die hiergegen gerichtete Beschwerde für begründet, so haben sie ihr abzuhelfen, andernfalls sie binnen 3 Tagen dem Vorsitzenden des Ehrengerichtshofs vorzulegen. Dieser entscheidet endgültig (§ 88 S. 2 der 1. HandwAufbVO.).

§ 44. Rechtshilfe

Nach der Vorschrift des § 70 der 1. HandwAufbVO. haben die ordentlichen Gerichte und sonstigen Behörden dem Ehrengericht und dem Ehrengerichtshof Amts- und Rechtshilfe zu leisten. Unter der letzteren Hilfe ist die Vornahme einzelner ehrenrichterlicher Handlungen durch ein anderes Ehren- oder sonstiges Gericht zu verstehen, während der Begriff der Amtshilfe die Hilfe- und Beistandsleistung durch eine öffentliche Behörde in sonstigen amtlichen Angelegenheiten umfaßt. Soweit es sich danach um Rechtshilfeersuchen zwischen Gerichten handelt, ist das Ersuchen nach der entsprechend anzuwendenden Vorschrift des § 157 GVG. an das Amtsgericht zu richten, in dessen Bezirk die Amtshandlung vorgenommen werden soll. Bei Ablehnung des Rechtshilfeersuchens ist der im § 159 GVG. näher bezeichnete Rechtsmittelweg gegeben. Ersucht aber nicht das Ehrengericht, sondern der Vorsitzende der Handwerkskammer ein ordentliches Gericht um Rechtshilfe, so ist gegen dessen Ablehnung nur die gewöhnliche Beschwerde des § 304 StPO. gegeben [1]).

§ 45. Fristen

Für die in der 1. HandwAufbVO. sowie in den einschlägigen strafprozessualen und gerichtsverfassungsrechtlichen Vorschriften bezeichneten Fristen gelten die §§ 42 ff. StPO. entsprechend. Bei Versäumung einer Frist kann nach näherer Maßgabe der §§ 44 ff. StPO. Wiedereinsetzung in den vorigen Stand beansprucht werden.

---

[1]) Doerner, JW. 1934 S. 1215.

Anhang

I. Bildliche Darstellung des Ehrengerichtsverfahrens

(Die §§ beziehen sich auf die „Erste Verordnung über den vorläufigen Aufbau des deutschen Handwerks" vom 15. Juni 1934.)

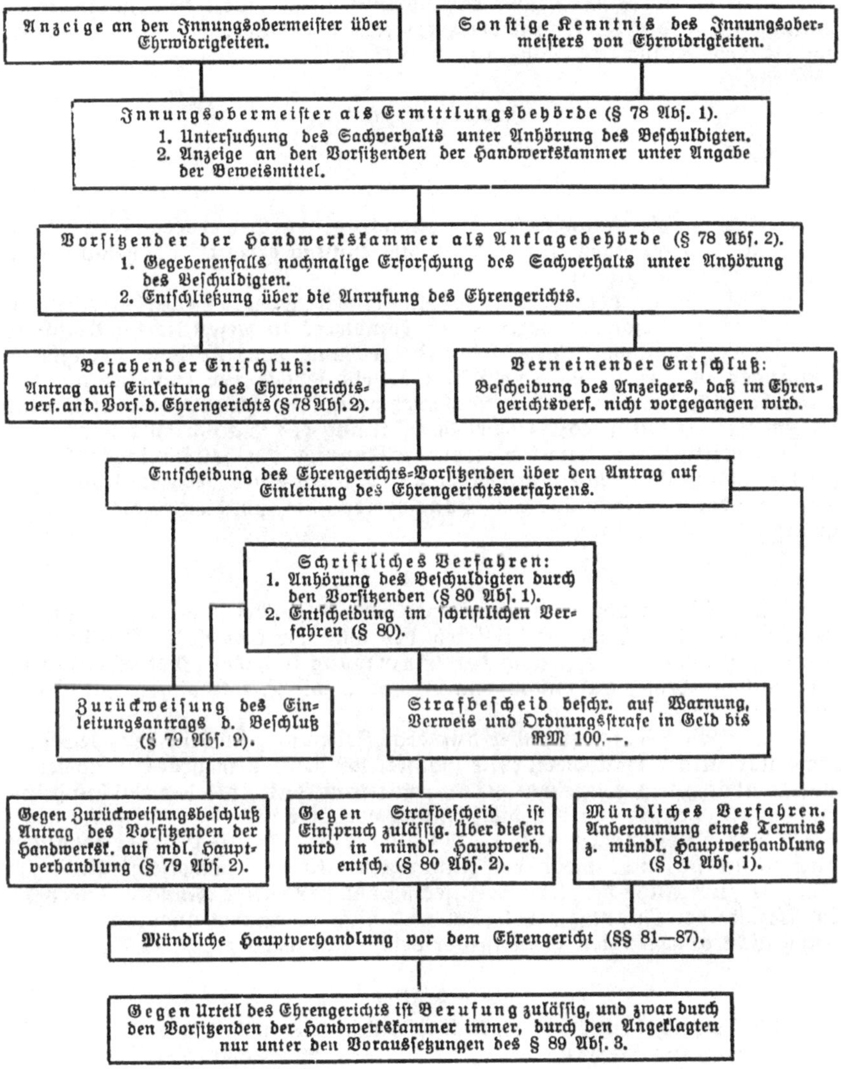

II. Erste Verordnung über den vorläufigen Aufbau des deutschen Handwerks vom 15. Juni 1934 (RGBl. I, S. 493). (Auszugsweise.)

Auf Grund der Ermächtigung gemäß §§ 1 und 5 des Gesetzes über den vorläufigen Aufbau des deutschen Handwerks vom 29. November 1933 (RGBl. I S. 1015) wird über den vorläufigen Aufbau der Handwerkerinnungen und der Kreishandwerkerschaften sowie über die Ehrengerichtsbarkeit des Handwerks folgendes verordnet:

Zweiter Abschnitt

Mitgliedschaft

§ 8

(1) Alle in die Handwerksrolle eingetragenen Gewerbetreibenden, die das Handwerk ausüben, für welches die Innung errichtet ist, gehören der Innung pflichtmäßig an.

(2) Übt ein in die Handwerksrolle eingetragener Gewerbetreibender neben dem hauptsächlich betriebenen Handwerk in wesentlichem Umfange auch andere Handwerke aus, so gehört er auch den für diese errichteten Innungen an. Eine Beitragspflicht besteht jedoch nur zur Innung des Hauptberufs; hinsichtlich der Wahrnehmung der Innungspflichten geht im Zweifel die Mitgliedschaft bei der Innung des Hauptberufs vor.

(3) Streitigkeiten darüber, welcher Innung ein selbständiger Handwerker anzugehören hat, entscheidet auf Antrag einer der beteiligten Innungen oder des selbständigen Handwerkers die Handwerkskammer endgültig.

§ 9

(1) Die Mitgliedschaft beginnt mit dem Tage der Eintragung in die Handwerksrolle. Wird der Betrieb des Handwerkszweiges, für den die Innung errichtet ist, erst nach der Eintragung des Gewerbetreibenden in die Handwerksrolle aufgenommen, so beginnt die Mitgliedschaft mit diesem Zeitpunkt.

(2) Die Mitgliedschaft endet mit dem Zeitpunkt, in dem der Gewerbetreibende in der Handwerksrolle gelöscht wird, falls mehrere Handwerkszweige gleichzeitig betrieben werden, mit dem Zeitpunkt der Löschung des Handwerkszweiges, für den die Innung errichtet ist.

(3) Der Gesellenwart und die Mitglieder des Gesellenbeirats behalten, auch wenn sie nicht mehr bei Innungsmitgliedern beschäftigt sind, ihr Amt bis zum Ende der Amtszeit, jedoch höchstens sechs Monate, sofern sie im Bezirke der Innung verbleiben und nicht bei einem anderen, der Innung nicht angehörigen Arbeitgeber beschäftigt werden.

§ 10

(1) Wird nach dem Tode eines selbständigen Handwerkers dessen Handwerksbetrieb für Rechnung der Witwe oder minderjähriger Erben fortgeführt, so gehen auf sie oder ihre Stellvertreter die Rechte und Pflichten

aus der Innungsmitgliedschaft mit Ausnahme des Stimmrechts über. Durch die Satzung kann der Witwe oder dem Stellvertreter das Stimmrecht eingeräumt werden.

(2) Dasselbe gilt während der Dauer einer Vormundschaft, Pflegschaft oder Nachlaßauseinandersetzung.

§ 11

Als freiwillige Mitglieder können aufgenommen werden:

1. Personen, die in dem Handwerkszweig früher als selbständige Handwerker tätig waren und keine andere gewerbliche Tätigkeit ausüben,
2. Lohngewerbetreibende, Hausgewerbetreibende, Zwischenmeister und ähnliche Personen,
3. die in landwirtschaftlichen oder gewerblichen Betrieben gegen Entgelt beschäftigten Handwerker,
4. Lehrpersonen an Berufs- und Fachschulen.

§ 18

(1) Der Obermeister, im Falle seiner Behinderung die Handwerkskammer, kann einen Innungswart sofort abberufen, wenn dieser

1. den Anordnungen des Obermeisters, den Bestimmungen der Satzung oder den Gesetzen zuwiderhandelt oder
2. die Erfüllung seiner Aufgaben vernachlässigt oder
3. durch sein Verhalten in oder außer dem Amte das Allgemeinwohl, die Interessen der Innung oder des handwerklichen Berufsstandes gefährdet, besonders gegen die Grundsätze von Gemeingeist und Standesehre verstößt.

(2) Das gleiche gilt, wenn über den Innungswart und die sonstigen nach § 26 bestellbaren und wählbaren Personen Umstände bekannt werden, die ihre Bestellbarkeit und Wählbarkeit ausschließen.

(3) Gegen die Verfügung des Obermeisters ist binnen zwei Wochen nach Bekanntgabe die Beschwerde an die Handwerkskammer zulässig; diese entscheidet endgültig. Die Beschwerde hat keine aufschiebende Wirkung.

§ 26

(1) Bestellbar zum Innungswart, zum Gesellenwart und zum Mitglied eines Beirats sowie wählbar als Vertreter zur Innungsversammlung ist nur, wer Reichsangehöriger, mindestens 24 Jahre und nicht über 65 Jahre alt ist.

(2) Im übrigen sind bestellbar und wählbar:

1. auf der Seite der selbständigen Handwerker nur solche Personen, die eine Meisterprüfung abgelegt haben und seit mindestens einem Jahre im Bezirke der Innung tätig sind;
2. auf der Seite der Gesellen solche Personen, die eine Gesellenprüfung abgelegt haben; sie sollen seit mindestens drei Monaten in dem Betriebe eines der Innung angehörenden selbständigen Handwerkers beschäftigt sein.

§ 27

(1) Stimmberechtigt (§ 25) oder bestellbar und wählbar (§ 26 Abs. 1) sowie berechtigt zur Teilnahme an den Geschäften der Innung und an der Innungsversammlung ist nicht:

1. wem die bürgerlichen Ehrenrechte oder die Fähigkeit zur Bekleidung öffentlicher Ämter aberkannt sind, oder gegen den das Hauptverfahren wegen eines Verbrechens oder Vergehens eröffnet ist, das die Aberkennung der bürgerlichen Ehrenrechte oder der Fähigkeit zur Bekleidung öffentlicher Ämter zur Folge haben kann;
2. wem die Befähigung, Führer des Betriebes zu sein oder das Amt eines Vertrauensmanns auszuüben, aberkannt ist;
3. wer infolge gerichtlicher Anordnung in der Verfügung über sein Vermögen beschränkt ist oder innerhalb der letzten zwei Jahre den Offenbarungseid geleistet hat.

(2) Bestellbar und wählbar ist ferner nicht, wer für unfähig erklärt worden ist, Innungswart zu sein, für die im Urteil des Ehrengerichts bezeichnete Zeit.

(3) Ein Mitglied ist nicht stimmberechtigt, wenn die Beschlußfassung die Vornahme eines Rechtsgeschäftes mit ihm oder die Einleitung oder Erledigung eines Rechtsstreites zwischen der Innung und ihm betrifft.

Siebenter Abschnitt

Aufgaben

§ 43

(1) Aufgabe der Innung ist:

1. den Gemeingeist zu pflegen und die Standesehre zu wahren;
2. a) das Lehrlingswesen entsprechend den Bestimmungen der Handwerkskammer zu regeln und die technische, gewerbliche und sittliche Ausbildung der Lehrlinge zu überwachen;
   b) Streitigkeiten zwischen selbständigen Handwerkern und ihren Lehrlingen zu entscheiden;
   c) Gesellenprüfungen abzunehmen.

(2) Die Errichtung und die Rechtsverhältnisse der Innungskrankenkassen richten sich nach der Reichsversicherungsordnung.

§ 48

Die Innung darf nur die ihr nach dieser Verordnung zustehenden Aufgaben übernehmen und ihre Mittel nur für die Erfüllung dieser Aufgaben verwenden; sie darf ihre Mitglieder nicht zu Handlungen oder Unterlassungen verpflichten, die sich nicht aus ihren Aufgaben ergeben.

Neunter Abschnitt

Strafbefugnis des Obermeisters

§ 50

(1) Der Obermeister ist befugt, Zuwiderhandlungen der Innungsmitglieder gegen die Satzung und gegen Anordnungen und Vorschriften, die

er im Rahmen seiner Befugnisse erlassen hat, mit Ausnahme der in §§ 59, 60 bezeichneten Verfehlungen, mit Ordnungsstrafen zu ahnden. Diese können in Warnung, Verweis oder in Geldstrafe bis zu einhundert Reichsmark bestehen.

(2) Gegen die Straffestsetzung steht dem Betroffenen binnen zwei Wochen seit Bekanntgabe die Beschwerde an die Handwerkskammer zu; diese entscheidet endgültig.

(3) Die Geldstrafen fließen in die Kasse der Innung.

Dritter Teil

Kreishandwerkerschaften

§ 56

Die Handwerkerinnungen, die innerhalb eines von der Handwerkskammer bestimmten Bezirks ihren Sitz haben, werden durch die Handwerkskammer zu einer Kreishandwerkerschaft zusammengeschlossen. Die Bezirke sollen sich mit den Bezirken voon Stadt- oder Landkreisen decken.

§ 57

Die §§ 12 Abs. 1, 13 Abs. 1, 15 bis 29, 32 bis 38, 40 bis 42, 48 bis 53 finden mit folgender Maßgabe entsprechende Anwendung:

1. Die Mitgliederversammlung der Kreishandwerkerschaft besteht aus den Obermeistern der angeschlossenen Innungen;
2. der Vorsitzende der Kreishandwerkerschaft (der Kreishandwerksführer) wird von der Handwerkskammer ernannt; die Bestellung erfolgt auf Widerruf. Ihm steht ein Beirat zur Seite, dessen Mitglieder er aus den Obermeistern der angeschlossenen Innungen ernennt. Die Zahl der Beiratsmitglieder wird durch die Satzung geregelt; ihre Amtsdauer beträgt ein Jahr;
3. die Satzung hat zu bestimmen, nach welchem Maßstabe die Beiträge der Innungen zu leisten sind.

Vierter Teil

Ehrengerichtsbarkeit

Erster Abschnitt

Allgemeine Vorschriften

§ 59

Hat sich ein Innungsmitglied einer Verletzung der Standesehre oder eines Verstoßes gegen den Gemeingeist schuldig gemacht, so gelten die folgenden Bestimmungen:

§ 60

Als Verletzungen der sich für die Innungsmitglieder aus § 43 Abs. 1 Ziffer 1 ergebenden Pflichten sind insbesondere unlauteres Verhalten, unlauterer Wettbewerb und Übervorteilung der Kunden anzusehen.

§ 61

(1) Verfehlungen der in §§ 59 und 60 bezeichneten Art sind mit einer Warnung, einem Verweis oder mit einer Ordnungsstrafe in Geld bis zum Höchstbetrage von eintausend Reichsmark zu bestrafen.

(2) Bei einer schweren Verfehlung kann neben den im Abs. 1 genannten Strafen auch darauf erkannt werden, daß der Verurteilte auf Zeit oder Dauer unfähig ist, Innungswart zu sein.

(3) Ist bei einer schweren Verfehlung anzunehmen, daß das Innungsmitglied nicht geeignet ist, Lehrlinge zu halten oder anzuleiten, so kann ihm gleichzeitig die Befugnis dazu auf Zeit oder dauernd entzogen werden.

(4) In besonders schweren Fällen kann ferner auf die Aberkennung des Meistertitels auf Zeit oder dauernd erkannt werden.

§ 62

Ist ein Innungsmitglied bereits zweimal wegen schwerer Verfehlungen der in §§ 59 und 60 bezeichneten Art bestraft worden, so kann bei einem weiteren schweren Verstoße darauf erkannt werden, daß der entscheidende Teil des Urteils auf Kosten des Angeklagten veröffentlicht wird.

§ 63

(1) Die Verfolgung der in §§ 59, 60 genannten Verfehlungen verjährt in einem Jahre. Die Verjährung beginnt mit dem Tage, an dem die Verfehlung begangen ist, ohne Rücksicht auf den Zeitpunkt des Erfolges.

(2) Die Verjährung wird durch den Antrag des Vorsitzenden der Handwerkskammer nach § 78 Abs. 2 und durch jede sonstige Handlung der mit der Durchführung der Ehrengerichtsbarkeit betrauten Stellen, die wegen der begangenen Verfehlung gegen den Täter gerichtet ist, unterbrochen. Nach der Unterbrechung beginnt eine neue Verjährung. Die Vorschrift des § 69 Abs. 1 des Reichsstrafgesetzbuchs über das Ruhen der Verjährung findet entsprechende Anwendung.

Zweiter Abschnitt

Ehrengericht

§ 64

(1) Bei der Handwerkskammer wird ein Ehrengericht gebildet. Die Aufgaben der Geschäftsstelle des Ehrengerichts werden von der Geschäftsstelle der Handwerkskammer wahrgenommen.

(2) Das Ehrengericht entscheidet in einer Besetzung von drei Mitgliedern. Der Vorsitzende, sein Stellvertreter und die Beisitzer werden auf die Dauer von drei Jahren berufen. Den Vorsitzenden und seinen Stellvertreter bestellt der Reichsminister der Justiz im Einvernehmen mit dem Reichswirtschaftsminister. Die Beisitzer werden von dem Reichswirtschaftsminister oder der von ihm bestimmten Stelle bestellt. § 34 gilt entsprechend.

(3) Der § 25 des Arbeitsgerichtsgesetzes nebst der nach Abs. 2 Satz 2 daselbst getroffenen Regelung finden auf die Mitglieder des Ehrengerichts entsprechende Anwendung.

§ 65

(1) Der Vorsitzende und sein Stellvertreter müssen Richter sein. Als Beisitzer sind Personen zu berufen, die Reichsangehörige sind und das 25. Lebensjahr vollendet haben. Es sollen nur Personen berufen werden, die besonders bewährte und geachtete selbständige Handwerker sind und eine Meisterprüfung abgelegt haben.

(2) Unfähig zu dem Amte eines Beisitzers sind Personen, die rechtskräftig mit einer ehrengerichtlichen Strafe aus § 61 dieser Verordnung oder aus § 38 des Gesetzes zur Ordnung der nationalen Arbeit vom 20. Januar 1934 (Reichsgesetzbl. I S. 45) bestraft sind, ferner Personen, denen die bürgerlichen Ehrenrechte oder die Fähigkeit zur Bekleidung öffentlicher Ämter aberkannt sind, oder gegen die das Hauptverfahren wegen eines Verbrechens oder eines Vergehens eröffnet ist, das die Aberkennung zur Folge haben kann, und Personen, die infolge gerichtlicher Anordnung in der Verfügung über ihr Vermögen beschränkt sind.

(3) Wird das Fehlen einer Voraussetzung für die Berufung nachträglich bekannt oder fällt eine Voraussetzung nachträglich fort, so enthebt der Vorsitzende des Ehrengerichts den Beisitzer seines Amtes. Vor der Entscheidung ist der Beisitzer zu hören. Die Entscheidung ist endgültig.

§ 66

(1) Die Übernahme des Beisitzeramtes kann ablehnen:

1. wer das 65. Lebensjahr vollendet hat;
2. wer durch Krankheit oder Gebrechen verhindert ist, das Amt ordnungsmäßig zu führen;
3. wer durch andere ehrenamtliche Tätigkeit für die Allgemeinheit so in Anspruch genommen ist, daß ihm die Übernahme des Amtes nicht zugemutet werden kann;
4. wer in den sechs der Berufung vorhergehenden Jahren als Beisitzer eines Ehrengerichts tätig gewesen ist;
5. Frauen, die glaubhaft machen, daß ihnen die Fürsorge für ihre Familie die Ausübung des Amtes in besonderem Maße erschwert.

(2) Über die Berechtigung zur Ablehnung entscheidet der Vorsitzende des Ehrengerichts endgültig.

§ 67

(1) Die Beisitzer sind von ihrer Dienstleistung durch den Vorsitzenden des Ehrengerichts auf die gewissenhafte Erfüllung der Obliegenheiten ihres Amtes eidlich zu verpflichten.

(2) Sie sind in einer von dem Vorsitzenden vor Beginn des Geschäftsjahres durch das Los zu bestimmenden Reihenfolge zuzuziehen.

§ 68

Wenn ein Beisitzer seine Amtspflicht grob verletzt, so kann er seines Amtes enthoben werden. Für die Entscheidung ist der Ehrengerichtshof beim Deutschen Handwerks- und Gewerbekammertag zuständig. Vor der Entscheidung sind der Vorsitzende und der Beisitzer des Ehrengerichts zu hören. Die Entscheidung ist endgültig.

§ 69

Beisitzer, die ohne genügende Entschuldigung nicht oder nicht rechtzeitig zu den Sitzungen erscheinen oder sich ihren Obliegenheiten in anderer Weise entziehen, werden vom Vorsitzenden mit einer Ordnungsstrafe in Geld bestraft. Bei nachträglicher genügender Entschuldigung ist die Strafe aufzuheben oder zu ermäßigen. Gegen den eine Bestrafung aussprechenden Beschluß ist Beschwerde (§ 88) zulässig.

§ 70

Die ordentlichen Gerichte und sonstigen Behörden haben dem Ehrengericht und dem Ehrengerichtshof Amts- und Rechtshilfe zu leisten.

§ 71

Die sächlichen und persönlichen Kosten des Ehrengerichts an der Handwerkskammer trägt diese, die des Ehrengerichtshofs der Deutsche Handwerks- und Gewerbekammertag.

Dritter Abschnitt
Verfahren

§ 72

Auf das Verfahren finden, soweit sich nicht aus den nachfolgenden Bestimmungen Abweichungen ergeben, die Vorschriften der Strafprozeßordnung über das Verfahren in den zur Zuständigkeit der Schöffengerichte gehörigen Strafsachen und die Vorschriften der §§ 155 Nr. II, 176, 184 bis 198 des Gerichtsverfassungsgesetzes entsprechende Anwendung. Die Staatsanwaltschaft wirkt nicht mit.

§ 73

Eine Voruntersuchung findet nicht statt.

§ 74

Die Verhaftung, vorläufige Festnahme und Vorführung des Beschuldigten sowie die Beschlagnahme und Durchsuchung sind unzulässig.

§ 75

Die Zustellung der Ladungen und der Entscheidungen veranlaßt der Vorsitzende des Ehrengerichts nach den Vorschriften der Zivilprozeßordnung über die Zustellung von Amts wegen. Die öffentliche Ladung des Angeklagten ist unzulässig.

§ 76

(1) Ist wegen einer strafbaren Handlung Klage erhoben, so ist das wegen der gleichen Tatsachen anhängige Ehrengerichtsverfahren auszusetzen.

(2) Ist im Strafverfahren auf Freisprechung erkannt, so findet wegen der Tatsachen, die in diesem Verfahren zur Erörterung gekommen sind, ein ehrengerichtliches Verfahren nur insofern statt, als diese Tatsachen an sich und unabhängig von dem Tatbestand einer in den Strafgesetzen vorgesehenen Handlung die ehrengerichtliche Bestrafung begründen.

(3) Ist im Strafverfahren eine Verurteilung erfolgt, so hat der Vorsitzende des Ehrengerichts zu entscheiden, ob das ehrengerichtliche Verfahren durchzuführen ist.

(4) Sind in einem ehrengerichtlichen Urteil Tatsachen zugrunde gelegt, die in einem strafgerichtlichen Verfahren festgestellt worden sind, so ist die Wiederaufnahme des ehrengerichtlichen Verfahrens nur zulässig, wenn im Strafverfahren eine Wiederaufnahme durchgeführt worden ist und zur Abänderung des früheren Urteils geführt hat.

§ 77

Das ehrengerichtliche Verfahren auf Grund dieser Verordnung ist unzulässig, falls das Verhalten eines Innungsmitgliedes den Tatbestand einer der im § 36 des Gesetzes zur Ordnung der nationalen Arbeit bezeichneten Verletzungen der sozialen Ehre erfüllt. Im übrigen gilt in diesem Falle § 76 Abs. 1 und 2 dieser Verordnung entsprechend.

§ 78

(1) Erfährt der Obermeister, daß ein Innungsmitglied die Standesehre verletzt oder einen Verstoß gegen den Gemeingeist begangen hat, so hat er nach Klärung des Sachverhalts, insbesondere nach Anhörung des Innungsmitglieds, dem Vorsitzenden der Handwerkskammer unter Angabe der Beweismittel Anzeige zu erstatten.

(2) Dieser befindet darüber, erforderlichenfalls nach erneuter Prüfung des Sachverhalts und nach Anhörung des Beschuldigten, ob er bei dem Ehrengericht die Einleitung des ehrengerichtlichen Verfahrens beantragt. Dem Antrag hat er das Ergebnis der bisherigen Ermittlungen beizufügen. Der Antrag kann bis zur Entscheidung durch den Vorsitzenden des Ehrengerichts oder bis zur Verkündung des Urteils erster Instanz zurückgenommen werden.

§ 79

(1) Der Vorsitzende des Ehrengerichts hat wie ein beauftragter Richter erforderliche weitere Ermittlungen vorzunehmen oder anzuordnen.

(2) Er kann die Einleitung des ehrengerichtlichen Verfahrens als unzulässig oder als unbegründet zurückweisen. In diesem Falle kann der Vorsitzende der Handwerkskammer binnen zwei Wochen nach Zustellung des die Zurückweisung aussprechenden Beschlusses Hauptverhandlung vor dem Ehrengericht beantragen.

§ 80

(1) Hält der Vorsitzende des Ehrengerichts den Antrag des Vorsitzenden der Handwerkskammer für begründet und erachtet er eine Warnung, einen Verweis oder eine Ordnungsstrafe in Geld bis zu einhundert Reichsmark für ausreichend, so kann er auf eine dieser Strafen erkennen. In diesem Falle hat er vorher dem Beschuldigten Gelegenheit zu geben, sich zum Antrag des Vorsitzenden der Handwerkskammer zu äußern.

(2) Gegen diese Entscheidung können der Vorsitzende der Handwerkskammer und der Beschuldigte binnen zwei Wochen nach der Zustellung

der Entscheidung beim Ehrengericht schriftlich oder zu Protokoll der Geschäftsstelle Einspruch erheben. Bei rechtzeitigem Einspruch hat das Ehrengericht zu befinden, sofern er nicht bis zum Beginn der Hauptverhandlung zurückgenommen wird.

(3) Die Entscheidung des Vorsitzenden muß außer der Strafe die dem Beschuldigten zur Last gelegte Verfehlung und die Beweismittel enthalten. Der Vorsitzende der Handwerkskammer und der Beschuldigte sind ferner darauf hinzuweisen, daß die Entscheidung vollstreckbar wird, wenn nicht rechtzeitig und in der vorgeschriebenen Form Einspruch erhoben wird.

§ 81

(1) Entscheidet der Vorsitzende des Ehrengerichts nicht selbst (§ 80 Abs. 1), so hat er Termin zur mündlichen Verhandlung vor dem Ehrengericht anzuberaumen.

(2) Das Ehrengericht entscheidet auf Grund des Ergebnisses einer mündlichen öffentlichen Verhandlung nach freiem Ermessen. Es kann auf Antrag und von Amts wegen Zeugen und Sachverständige eidlich vernehmen sowie die Herbeischaffung anderer Beweismittel anordnen. Die Öffentlichkeit kann von dem Vorsitzenden des Ehrengerichts ausgeschlossen werden.

§ 82

Der Vorsitzende der Handwerkskammer oder ein von ihm Beauftragter hat das Recht, der Hauptverhandlung beizuwohnen und Anträge zu stellen.

§ 83

(1) Der Angeklagte kann sich in der Hauptverhandlung durch einen mit schriftlicher Vollmacht versehenen Verteidiger vertreten lassen.

(2) Hat der Angeklagte keinen Verteidiger, so kann ihm der Vorsitzende nach freiem Ermessen für die Hauptverhandlung einen Verteidiger von Amts wegen bestellen.

§ 84

(1) Das Ehrengericht kann auch entscheiden, wenn der ordnungsmäßig geladene Angeklagte in der mündlichen Verhandlung weder erschienen noch vertreten ist.

(2) Der Vorsitzende des Ehrengerichts kann das persönliche Erscheinen des Angeklagten anordnen. Erscheint er gleichwohl nicht, so kann das Gericht anordnen, daß ein Vertreter nicht zugelassen wird; hierauf und auf die Befugnis des Ehrengerichts nach Abs. 1 ist der Angeklagte in der Ladung hinzuweisen.

§ 85

Das Ehrengericht bestimmt den Umfang der Beweisaufnahme nach freiem Ermessen, ohne hierbei durch Anträge, Verzichte oder frühere Beschlüsse gebunden zu sein.

§ 86

Das Ehrengericht kann nach freiem Ermessen die Ermittlungen entweder in der mündlichen Verhandlung selbst vornehmen oder sie dem Vorsitzenden oder einem ersuchten Richter überlassen. Auf das Ersuchen um Rechtshilfe finden die §§ 157 bis 159, 165 des Gerichtsverfassungsgesetzes entsprechende Anwendung.

§ 87

Die Aussage eines außerhalb der Hauptverhandlung vernommenen Zeugen oder Sachverständigen ist, sofern der Vorsitzende der Handwerkskammer oder der Angeklagte es beantragen oder das Ehrengericht es für erforderlich erachtet, zu verlesen.

§ 88

Für die Verhandlung und Entscheidung über das Rechtsmittel der Beschwerde ist der Vorsitzende des Ehrengerichtshofs beim Deutschen Handwerks- und Gewerbekammertag zuständig. Er entscheidet endgültig.

Vierter Abschnitt

Berufung

§ 89

(1) Gegen das Urteil des Ehrengerichts kann sowohl von dem Vorsitzenden der Handwerkskammer als von dem Angeklagten Berufung an den Ehrengerichtshof beim Deutschen Handwerks- und Gewerbekammertag eingelegt werden.

(2) Die Berufung ist binnen zwei Wochen nach Zustellung des Urteils beim Ehrengercht schriftlich oder zu Protokoll der Geschäftsstelle einzulegen. Sie hat aufschiebende Wirkung.

(3) Die Berufung ist für den Vorsitzenden der Handwerkskammer in jedem Falle, für den Angeklagten nur dann zulässig, wenn das Ehrengericht auf eine höhere Geldstrafe als einhundert Reichsmark, auf die Entziehung der Befugnis, Innungswart zu sein, Lehrlinge zu halten oder anzuleiten oder den Meistertitel zu führen, oder auf die Veröffentlichung des Urteils erkannt hat.

§ 90

(1) Im Berufungsverfahren entscheidet der Ehrengerichtshof beim Deutschen Handwerks- und Gewerbekammertag in einer Besetzung von fünf Mitgliedern.

(2) Der Vorsitzende, sein Stellvertreter und ein Beisitzer müssen Richter sein. § 64 Abs. 2 gilt entsprechend; für die drei nichtrichterlichen Beisitzer gilt ferner § 65 Abs. 1 Satz 2 und 3 entsprechend.

(3) Die Aufgaben der Geschäftsstelle des Ehrengerichtshofs werden von der Geschäftsstelle des Deutschen Handwerks- und Gewerbekammertages wahrgenommen.

§ 91

(1) Der Ehrengerichtshof beim Deutschen Handwerks- und Gewerbekammertag hat die Entscheidung des Ehrengerichts in vollem Umfang nach-

zuprüfen; er ist an dessen Feststellungen nicht gebunden und kann die angefochtene Entscheidung nach freiem Ermessen abändern.

(2) Für das Verfahren vor dem Ehrengerichtshof gelten die Vorschriften der Strafprozeßordnung über das Verfahren in der Berufungsinstanz sowie die vorstehenden Bestimmungen über das Verfahren vor dem Ehrengericht entsprechend; das im § 82 bezeichnete Recht hat der Reichshandwerksführer.

Fünfter Abschnitt

Kosten und Vollstreckung

§ 92

(1) Die Kosten des Verfahrens können ganz oder zum Teil dem Verurteilten auferlegt werden.

(2) Für das ehrengerichtliche Verfahren werden nur Barauslagen in Ansatz gebracht. Ihr Betrag ist vom Vorsitzenden des Ehrengerichts festzusetzen. Die Festsetzung ist nach den Vorschriften des § 93 vollstreckbar.

§ 93

Die Vollstreckung eines Urteils des Ehrengerichts oder des Ehrengerichtshofs erfolgt durch den Vorsitzenden der Handwerkskammer. Eine Ordnungsstrafe in Geld wird auf Grund einer von dem Vorsitzenden des erkennenden Gerichts erteilten, mit der Bescheinigung der Vollstreckbarkeit versehenen beglaubigten Abschrift der Entscheidungsformel nach den landesrechtlichen Vorschriften über die Beitreibung von Gemeindeabgaben vollstreckt.

§ 94

Die aus Ordnungsstrafen eingehenden Beträge fließen in die Kasse der Handwerkskammer.

§ 96

(1) Die Vorschriften der §§ 81 bis 99 der Gewerbeordnung für das Deutsche Reich finden auf Handwerkerinnungen keine Anwendung.

(2) Die Vorschriften der §§ 100 bis 100u, 101 und 102 der Gewerbeordnung für das Deutsche Reich werden aufgehoben.

(3) Die im § 126a der Gewerbeordnung für das Deutsche Reich vorgesehene Entziehung der Befugnis zum Halten und zur Anleitung von Lehrlingen erfolgt gegenüber den in die Handwerksrolle eingetragenen Gewerbetreibenden und den von ihnen mit der Anleitung von Lehrlingen beauftragten Personen durch Entscheidung des Ehrengerichts (§ 64). Die Vorschriften des Vierten Teils finden entsprechende Anwendung. Durch die Handwerkskammer kann die entzogene Befugnis nach Ablauf eines Jahres auf Antrag wieder eingeräumt werden.

Sachverzeichnis

(Die Zahlen bedeuten die Seiten.)

Kolibri 360 GmbH
Ferdinand-Jühlke-Straße 7
99095 Erfurt, Deutschland
produktsicherheit@kolibri360.de